中国科学家学术成长资料采集工程

中国工程院院士传记丛书

痴情水际砂石间

顾庆忠传

冯文波　张永胜　袁艺　施玥 ◎著

1930年	1949年	1953年	1961年	1964年	1972年	1995年	2001年
出生于江苏昆山	考入清华大学	调入新疆中苏石油公司	参加松辽石油会战	参加华北石油会战	提出波动地震学	当选中国工程院院士	受聘青岛海洋大学（今中国海洋大学）

老科学家学术成长资料采集工程
中国工程院院士传记丛书

寄情水际砂石间
李庆忠 传

冯文波 张永胜 袁艺 施玥 ◎著

中国科学技术出版社
上海交通大学出版社

图书在版编目（CIP）数据

寄情水际砂石间：李庆忠传／冯文波等著．—北京：中国科学技术出版社，2019.10

（老科学家学术成长资料采集工程丛书．中国工程院院士传记丛书）

ISBN 978-7-5046-8386-1

Ⅰ．①寄… Ⅱ．①冯… Ⅲ．①李庆忠－传记 Ⅳ．① K826.16

中国版本图书馆 CIP 数据核字（2019）第 217904 号

责任编辑	韩　颖
版式设计	中文天地
责任校对	张晓莉
责任印制	李晓霖

出　　版	中国科学技术出版社　上海交通大学出版社
发　　行	中国科学技术出版社有限公司发行部
地　　址	北京市海淀区中关村南大街 16 号
邮　　编	100081
发行电话	010-62173865
传　　真	010-62173081
网　　址	http://www.cspbooks.com.cn

开　　本	787mm×1092mm　1/16
字　　数	218 千字
印　　张	14.5
彩　　插	2
版　　次	2020 年 7 月第 1 版
印　　次	2020 年 7 月第 1 次印刷
印　　刷	北京华联印刷有限公司
书　　号	ISBN 978-7-5046-8386-1 / K·260
定　　价	79.00 元

（凡购买本社图书，如有缺页、倒页、脱页者，本社发行部负责调换）

老科学家学术成长资料采集工程
领导小组专家委员会

主　任：韩启德
委　员：（以姓氏拼音为序）
　　　　陈佳洱　　方　新　　傅志寰　　李静海　　刘　旭
　　　　齐　让　　王礼恒　　徐延豪　　赵沁平

老科学家学术成长资料采集工程
丛书组织机构

特邀顾问（以姓氏拼音为序）
　　　　樊洪业　　方　新　　谢克昌

编 委 会
　　主　编：老科学家学术成长资料采集工程领导小组办公室
　　编　委：（以姓氏拼音为序）
　　　　定宜庄　　董庆九　　郭　哲　　胡宗刚　　胡化凯
　　　　刘晓堪　　吕瑞花　　秦德继　　任福君　　王扬宗
　　　　熊卫民　　姚　力　　张大庆　　张　藜　　张　剑
　　　　周大亚　　周德进

编委会办公室
　　主　任：孟令耘　　杨志宏
　　副主任：许　慧　　刘佩英
　　成　员：（以姓氏拼音为序）
　　　　冯　勤　　高文静　　韩　颖　　李　梅　　刘如溪
　　　　罗兴波　　王传超　　余　君　　张佳静

老科学家学术成长资料采集工程简介

老科学家学术成长资料采集工程（以下简称"采集工程"）是根据国务院领导同志的指示精神，由国家科教领导小组于2010年正式启动，中国科协牵头，联合中组部、教育部、科技部、工信部、财政部、文化部、国资委、解放军总政治部、中国科学院、中国工程院、国家自然科学基金委员会等11部委共同实施的一项抢救性工程，旨在通过实物采集、口述访谈、录音录像等方法，把反映老科学家学术成长历程的关键事件、重要节点、师承关系等各方面的资料保存下来，为深入研究科技人才成长规律，宣传优秀科技人物提供第一手资料和原始素材。

采集工程是一项开创性工作。为确保采集工作规范科学，启动之初即成立了由中国科协主要领导任组长、12个部委分管领导任成员的领导小组，负责采集工程的宏观指导和重要政策措施制定，同时成立领导小组专家委员会负责采集原则确定、采集名单审定和学术咨询，委托科学史学者承担学术指导与组织工作，建立专门的馆藏基地确保采集资料的永久性收藏和提供使用，并研究制定了《采集工作流程》《采集工作规范》等一系列基础文件，作为采集人员的工作指南。截至2016年6月，已启动400多位老科学家的学术成长资料采集工作，获得手稿、书信等实物原件资料73968件，数字化资料178326件，视频资料4037小时，音频资料4963小时，具有重要的史料价值。

　　采集工程的成果目前主要有三种体现形式，一是建设"中国科学家博物馆网络版"，提供学术研究和弘扬科学精神、宣传科学家之用；二是编辑制作科学家专题资料片系列，以视频形式播出；三是研究撰写客观反映老科学家学术成长经历的研究报告，以学术传记的形式，与中国科学院、中国工程院联合出版。随着采集工程的不断拓展和深入，将有更多形式的采集成果问世，为社会公众了解老科学家的感人事迹，探索科技人才成长规律，研究中国科技事业的发展历程提供客观翔实的史料支撑。

总序一

中国科学技术协会主席　韩启德

老科学家是共和国建设的重要参与者，也是新中国科技发展历史的亲历者和见证者，他们的学术成长历程生动反映了近现代中国科技事业与科技教育的进展，本身就是新中国科技发展历史的重要组成部分。针对近年来老科学家相继辞世、学术成长资料大量散失的突出问题，中国科协于2009年向国务院提出抢救老科学家学术成长资料的建议，受到国务院领导同志的高度重视和充分肯定，并明确责成中国科协牵头，联合相关部门共同组织实施。根据国务院批复的《老科学家学术成长资料采集工程实施方案》，中国科协联合中组部、教育部、科技部、工业和信息化部、财政部、文化部、国资委、解放军总政治部、中国科学院、中国工程院、国家自然科学基金委员会等11部委共同组成领导小组，从2010年开始组织实施老科学家学术成长资料采集工程。

老科学家学术成长资料采集是一项系统工程，通过文献与口述资料的搜集和整理、录音录像、实物采集等形式，把反映老科学家求学历程、师承关系、科研活动、学术成就等学术成长中关键节点和重要事件的口述资料、实物资料和音像资料完整系统地保存下来，对于充实新中国科技发展的历史文献，理清我国科技界学术传承脉络，探索我国科技发展规律和科技人才成长规律，弘扬我国科技工作者求真务实、无私奉献的精神，在全社会营造爱科学、学科学、用科学的良好氛围，是一件很有意义的事情。采集工程把重点放在年龄在80岁以上、学术成长经历丰富的两院院士，以及虽然不是两院院士、但在我国科技事业发展中作出突出贡献的老科技工作者，充分体现了党和国家对老科学家的关心和爱护。

自2010年启动实施以来，采集工程以对历史负责、对国家负责、对科技事业负责的精神，开展了一系列工作，获得大量反映老科学家学术成长历程的文字资料、实物资料和音视频资料，其中有一些资料具有很高的史料价值和学术价值，弥足珍贵。

以传记丛书的形式把采集工程的成果展现给社会公众，是采集工程的目标之一，也是社会各界的共同期待。在我看来，这些传记丛书大都是在充分挖掘档案和书信等各种文献资料、与口述访谈相互印证校核、严密考证的基础之上形成的，内中还有许多很有价值的照片、手稿影印件等珍贵图片，基本做到了图文并茂，语言生动，既体现了历史的鲜活，又立体化地刻画了人物，较好地实现了真实性、专业性、可读性的有机统一。通过这套传记丛书，学者能够获得更加丰富扎实的文献依据，公众能够更加系统深入地了解老一辈科学家的成就、贡献、经历和品格，青少年可以更真实地了解科学家、了解科技活动，进而充分激发对科学家职业的浓厚兴趣。

借此机会，向所有接受采集的老科学家及其亲属朋友，向参与采集工程的工作人员和单位，表示衷心感谢。真诚希望这套丛书能够得到学术界的认可和读者的喜爱，希望采集工程能够得到更广泛的关注和支持。我期待并相信，随着时间的流逝，采集工程的成果将以更加丰富多样的形式呈现给社会公众，采集工程的意义也将越来越彰显于天下。

是为序。

总序二

中国科学院院长 白春礼

由国家科教领导小组直接启动，中国科学技术协会和中国科学院等12个部门和单位共同组织实施的老科学家学术成长资料采集工程，是国务院交办的一项重要任务，也是中国科技界的一件大事。值此采集工程传记丛书出版之际，我向采集工程的顺利实施表示热烈祝贺，向参与采集工程的老科学家和工作人员表示衷心感谢！

按照国务院批准实施的《老科学家学术成长资料采集工程实施方案》，开展这一工作的主要目的就是要通过录音录像、实物采集等多种方式，把反映老科学家学术成长历史的重要资料保存下来，丰富新中国科技发展的历史资料，推动形成新中国的学术传统，激发科技工作者的创新热情和创造活力，在全社会营造爱科学、学科学、用科学的良好氛围。通过实施采集工程，系统搜集、整理反映这些老科学家学术成长历程的关键事件、重要节点、学术传承关系等的各类文献、实物和音视频资料，并结合不同时期的社会发展和国际相关学科领域的发展背景加以梳理和研究，不仅有利于深入了解新中国科学发展的进程特别是老科学家所在学科的发展脉络，而且有利于发现老科学家成长成才中的关键人物、关键事件、关键因素，探索和把握高层次人才培养规律和创新人才成长规律，更有利于理清我国科技界学术传承脉络，深入了解我国科学传统的形成过程，在全社会范围内宣传弘扬老科学家的科学思想、卓越贡献和高尚品质,推动社会主义科学文化和创新文化建设。从这个意义上说,采集工程不仅是一项文化工程,更是一项严肃认真的学术建设工作。

中国科学院是科技事业的国家队,也是凝聚和团结广大院士的大家庭。早在1955年,中国科学院选举产生了第一批学部委员,1993年国务院决定中国科学院学部委员改称中国科学院院士。半个多世纪以来,从学部委员到院士,经历了一个艰难的制度化进程,在我国科学事业发展史上书写了浓墨重彩的一笔。在目前已接受采集的老科学家中,有很大一部分即是上个世纪80、90年代当选的中国科学院学部委员、院士,其中既有学科领域的奠基人和开拓者,也有作出过重大科学成就的著名科学家,更有毕生在专门学科领域默默耕耘的一流学者。作为声誉卓著的学术带头人,他们以发展科技、服务国家、造福人民为己任,求真务实、开拓创新,为我国经济建设、社会发展、科技进步和国家安全作出了重要贡献;作为杰出的科学教育家,他们着力培养、大力提携青年人才,在弘扬科学精神、倡树科学理念方面书写了可歌可泣的光辉篇章。他们的学术成就和成长经历既是新中国科技发展的一个缩影,也是国家和社会的宝贵财富。通过采集工程为老科学家树碑立传,不仅对老科学家们的成就和贡献是一份肯定和安慰,也使我们多年的夙愿得偿!

鲁迅说过,"跨过那站着的前人"。过去的辉煌历史是老一辈科学家铸就的,新的历史篇章需要我们来谱写。衷心希望广大科技工作者能够通过"采集工程"的这套老科学家传记丛书和院士丛书等类似著作,深入具体地了解和学习老一辈科学家学术成长历程中的感人事迹和优秀品质;继承和弘扬老一辈科学家求真务实、勇于创新的科学精神,不畏艰险、勇攀高峰的探索精神,团结协作、淡泊名利的团队精神,报效祖国、服务社会的奉献精神,在推动科技发展和创新型国家建设的广阔道路上取得更辉煌的成绩。

总序三

中国工程院院长　周　济

由中国科协联合相关部门共同组织实施的老科学家学术成长资料采集工程，是一项经国务院批准开展的弘扬老一辈科技专家崇高精神、加强科学道德建设的重要工作，也是我国科技界的共同责任。中国工程院作为采集工程领导小组的成员单位，能够直接参与此项工作，深感责任重大、意义非凡。

在新的历史时期，科学技术作为第一生产力，已经日益成为经济社会发展的主要驱动力。科技工作者作为先进生产力的开拓者和先进文化的传播者，在推动科学技术进步和科技事业发展方面发挥着关键的决定的作用。

新中国成立以来，特别是改革开放30多年来，我们国家的工程科技取得了伟大的历史性成就，为祖国的现代化事业作出了巨大的历史性贡献。两弹一星、三峡工程、高速铁路、载人航天、杂交水稻、载人深潜、超级计算机……一项项重大工程为社会主义事业的蓬勃发展和祖国富强书写了浓墨重彩的篇章。

这些伟大的重大工程成就，凝聚和倾注了以钱学森、朱光亚、周光召、侯祥麟、袁隆平等为代表的一代又一代科技专家们的心血和智慧。他们克服重重困难，攻克无数技术难关，潜心开展科技研究，致力推动创新发展，为实现我国工程科技水平大幅提升和国家综合实力显著增强作出了杰出贡献。他们热爱祖国，忠于人民，自觉把个人事业融入到国家建设大局之中，为实现国家富强而不断奋斗；他们求真务实，勇于创新，用科技为中华民族的伟大复兴铸就了辉煌；他们治学严谨，鞠躬尽瘁，具有崇高的科学精神和科学道德，是我们后代学习的楷模。科学家们的一生是一本珍贵的教科书，他们坚定的理想信念和淡泊名利的崇高品格是中华民族自强不息精神的宝贵财富，永远值得后人铭记和敬仰。

通过实施采集工程，把反映老科学家学术成长经历的重要文字资料、实物资料和音像资料保存下来，把他们卓越的技术成就和可贵的精神品质记录下来，并编辑出版他们的学术传记，对于进一步宣传他们为我国科技发展和民族进步作出的不朽功勋，引导青年科技工作者学习继承他们的可贵精神和优秀品质，不断攀登世界科技高峰，推动在全社会弘扬科学精神，营造爱科学、讲科学、学科学、用科学的良好氛围，无疑有着十分重要的意义。

中国工程院是我国工程科技界的最高荣誉性、咨询性学术机构，集中了一大批成就卓著、德高望重的老科技专家。以各种形式把他们的学术成长经历留存下来，为后人提供启迪，为社会提供借鉴，为共和国的科技发展留下一份珍贵资料。这是我们的愿望和责任，也是科技界和全社会的共同期待。

周济

李庆忠

2014年10月，采集小组在李庆忠办公室进行访谈（左起：吴涛、施玥、李庆忠）

2015年9月，采集小组在教师节来临之际看望李庆忠夫妇
（前排左起：梁枫、李庆忠；后排左起：施玥、袁艺、张永胜）

序一

20世纪50年代初，我从清华大学物理系毕业时还不懂地球物理勘探为何物。当时地矿部和燃料部在北京秦老胡同物探学校组织100余名刚从国内物理系毕业的大学生办了个短训班，聘请从国外回来的物探专家授课一个月，由地矿部顾功叙讲磁法勘探，中科院傅承义讲电法勘探，石油管理总局的孟尔盛讲重力勘探与地震勘探。正是他们的授课引领我走进了地球物理勘探这个奇幻的殿堂。后来，我参加了石油部的地球物理勘探队伍。我热爱这个行当，热爱这个依靠野外的辛勤劳动和室内高科技来为祖国寻找石油宝藏的有力武器。

60多年来，我和我的同事们走遍了我国的几个含油气盆地，亲眼见证了克拉玛依油田、大庆油田、渤海湾油气田等一个个油田在我们身后建设起来，亲身经历了地球物理勘探技术的飞速发展与成长。在地震采集仪器方面，从24道51型光点模拟地震仪发展到8000—10000道数字遥控地震仪，从单次覆盖发展到几十次、几百次多次覆盖；资料从手工解释发展到完全用计算机数字处理；计算机能力从单芯片的CPU发展到大型并行计算机，再到现在使用的每秒计算200万亿次的计算机机群……

记得20世纪60年代，我刚到胜利油田时遇见当时的一位地质老总，他对我说："我就不信你们地震勘探的构造图，打井一打一个错。不是深度相差很大，就是根本没见油。"是的，60年代，我们用的还是苏式的51型地震仪，单次覆盖，技术不过关，无法解决复杂断块油田的地下准确成像问题。后来通过多次覆盖技术和偏移成像技术，渤海湾一大批断块油田相继被发现。技术的改进极大地鼓舞了我们物探人员的士气。

在塔里木盆地的大沙漠中，沙丘的高度常常达到200米，是很厚的干旱的地震低降速带，强烈吸收地震波的能量。而那里地下油层深埋在5000—6000米处，构造隆起幅度常常只有20—30米。只要静校正量计算稍有误差，就会造成构造图出假，打出空井来。面对这样的挑战，物探人员通过对沙丘时差曲线的大量调查，建立了全盆地低降速带静校正量的数据库。在野外施工中，选择在低洼的沙垅里打深炮井，后来又做到了在每个激发点上100%保证把炸药放到地下潜水面之下爆炸。有了这些创新的技术，我们在茫茫沙海中精准地找到了塔中油田，第一口深探井就在5000米深度上发现了高产油层。

在库车地区的崇山峻岭里，地震勘探的难度更是"世界级"的。高大的山峰，陡峭的山坡，"一线天"的通天裂隙……每前进一步都要付出极大的努力。我们的勘探队员在直升机的配合下在那里打井放炮，终于克服了"世界级"难题，找到了"克拉2""迪那2"等一批气田，使"西气东输"工程得以实现。

每当回顾我国石油地球物理勘探技术的进步时，我心中都充满了一种自豪感。

近些年来，在地球物理勘探技术飞快发展的同时，也出现了鱼龙混杂、良莠不齐的现象。各种物探公司纷纷成立，出现了不少似是而非的"新技术"，如各种新奇的"直接找油"技术、不讲道理的几十种"属性分析"、摆弄计算机处理的各种显示，搞得人们不知哪个是真的。

我在实践中总结了什么是好记录、什么是好仪器和什么是好剖面的检验标准，以及真分辨率、视分辨率和假分辨率的判别方法，明确这些问题对推动物探事业向正确的方向发展很重要。

在多年来的找油经历中，我对石油地质基本理论也产生了浓厚兴趣，对生油理论和圈闭概念提出了不少新的认识。本着百家争鸣的方针，愿意和大家一起研究、讨论。

本着求实与说真话的风格，我提出了不少与常规理念不相符合的说法。我认为我的这些"奇谈怪论"不一定是正确的，甚至可能有片面性。但是，在今天物探市场商业炒作盛行以及"你好，我好，大家好"的文风里，我的文章只要能够引发大家对问题的深入讨论，我就心满意足了。

潮流是一种强大的力量，很难抵挡。当初，我指出 Petro-Sonde 和"艾菲"是伪科学时，人们还都以为它们是找油的多快好省的新技术呢！还有关于分形、分维技术的讨论，当时也是大多数人以为它是会产生重要变革的找油找气的新手段。随着时间的推移，是非曲直慢慢得到澄清。关于我对有机生油理论的争鸣，我认为更需要今后几十年才会有正确的结论。

地震勘探能取得今天这样的技术进步，实属不易。三维地震、叠前偏移等技术已经使地震勘探获得了"给地球做 CT"的美誉。然而，摆在我们前面的挑战仍然是严峻的，发展机遇也是巨大的。

在我国东部平原区，地震成果分辨率还不够好。直到目前，我们连检波器应该怎样埋置都还没有搞清楚。另一个严峻的挑战是山区地震，我国西部干旱的高山地区的地震勘探技术水平已经达到世界领先，但极低信噪比问题仍旧困扰着我们。在玉门油田的窟窿山、塔里木的柯克亚以及青海油田的英雄岭西北部这些地区，我们的三维地震资料至今质量还没过关，这真是"世界级"的难题。

我相信，今后我国地震勘探技术会沿着正确的道路继续前进，并争取走在世界的前列。

2014 年 10 月

序二

老科学家学术成长资料采集工程李庆忠小组邀请我为《寄情水际砂石间：李庆忠传》写一篇序言，我感到非常荣幸，李庆忠院士那谦和的笑容、勤勉的精神、高大的身影又浮现在眼前。李庆忠院士是我国德高望重的地球物理学泰斗，也是新中国第一代石油物探人，他用自己的勤劳和智慧为推动我国石油勘探技术的发展做出了巨大贡献。我怀着崇敬的心情细细阅读完李庆忠院士传记，更加为李庆忠院士对祖国石油事业的无比热爱，对石油物探技术的孜孜以求和坚持真理、痛击伪科学的铮铮铁骨而动容。

李庆忠院士是我国石油勘探事业的参与者和见证人。1952年从清华大学物理系毕业后，他就响应国家号召，去了新疆，投身于我国的石油地球物理勘探事业。几十年来，他一直心怀"我为祖国找石油"的信念，践行了"祖国哪里需要我，我就到哪里去"的诺言。1955年，克拉玛依见油流；1961年，转战东北，参加大庆石油会战；1963年，又转战华北，参加胜利石油会战。在那个艰苦卓绝的年代，李庆忠院士不畏艰苦、乐观向上、埋头耕耘、无私奉献，为克拉玛依油田、大庆油田、胜利油田的成功勘探与开发贡献了自己的智慧和青春。可以说，李庆忠院士参与并见证了我国石油勘探的历程。也正是以他为代表的老一辈物探工作者的不畏艰险、勇于奉献，才让新中国彻底甩掉了"中国贫油"的帽子。

李庆忠院士是孜孜不倦、勇攀科学高峰的科研工作者。他提出地震波的波动理论、"积分法绕射波叠加"成像技术，首次提出三维地震勘探方法并组织了世界上第一片束状三维地震勘探，首创两步法三维偏移方法等，这些首创都为中国乃至全球石油物探行业发展作出了重大贡献。1993年，他出版的《走向精确勘探的道路》一书成为高分辨率地震勘探的经典著作，时至今日，仍然具有极强的生命力，2017年由美国SEG翻译成英文并发行。李庆忠院士始终不忘初心、勤勉耕耘，现如今已年近九旬的他仍然坐在电脑前亲自编写程序、验证相关理论，截至目前，他已编写形成了拥有200多个模块的一整套地震勘探理论试算程序包SEISPLOT。2009年，他在北京进行心脏手术时，依然不忘在病房的电脑前忙碌。出院后的疗养期间，他不顾医生和家人反对，坚持编制出了可以计算复杂断块油田及岩性油田圈闭量的TRAP-3D三维圈闭分析程序包。2015年，他又出版了《寻找油气的物探理论与方法》（基础篇、方法篇、争鸣篇）三本大部头著作。这些辉煌成就的取得，无不归因于李庆忠院士对石油物探事业的热爱和夜以继日、废寝忘食的工作态度。

李庆忠院士是坚持实践、追求真理、反对伪科学的斗士。从20世纪80年代的岩性探测技术，到90年代的艾菲直接找油技术，在许多人大肆鼓吹这些技术的找油效果时，李庆忠没有盲目跟风，他通过理论研究和实际资料分析发现这些都是伪科学后，便挺身而出、无情地进行揭露，避免了国家的损失。20世纪90年代，分形分维技术大行其道，李庆忠通过编程序演算证明分形分维技术不能真正提高地震分辨率，在实际应用中不能夸大其作用。最近，又用反潮流的思路指出三分量数字检波器的缺点，发出"对有机生油理论的质疑"等。疑是思之始，实践出真知。从事地球物理勘探工作60余年来，李庆忠院士始终秉持"不迷信西方，不迷信权威，不盲目跟风"的学术品行，坚持用事实说话、用实践检验。波动地震学的发现、三维地震勘探的提出、两步法偏移的实施，都是他大胆假设、小心求证、结合生产实践、历经无数次验证而结出的硕果。

李庆忠院士是呕心沥血、诲人不倦的教育工作者。2001年，李庆忠院士受聘中国海洋大学，担任海洋地球科学学院名誉院长。时年他虽年过七旬，但仍以极大的热情积极投入教学和科研工作之中。从指导学科发展规划到制订人才培养计划，从举办学术讲座到指导博士研究生，李庆忠院士无不积极参与、亲力亲为。谆谆教诲、一丝不苟，李庆忠院士言传身教，把严谨求实、勇于创新的工作态度也传给了学生。到中国海洋大学后，李庆忠院士先后培养了10余名博士和硕士研究生，和学生合著出版了《岩性油气田勘探》和《多波地震勘探的难点与展望》两部专著。他每年还通过讲座、报告会和论坛等方式向广大热爱石油物探事业的师生讲述中国石油工业走过的坎坷历程，介绍国内外生产实践领域的最新进展和将来需要突破的方向与难点等，为我国石油地球物理勘探领域的人才培养作出了突出贡献。

李庆忠院士是老一辈物探工作者的杰出代表，我们年轻一辈物探工作者应该以李院士为楷模，继承和发扬他数十年如一日艰苦奋斗、实事求是、勇于创新、严谨认真的工作作风，为推动我国石油工业的发展而努力奋斗。我希望李庆忠院士的这部传记早日和读者见面，能够作为我们的指路明灯，鼓舞和激励更多的物探工作者少走弯路、顺利前行。

中国石油天然气集团有限公司党组副书记、副总经理

2018年5月8日

目 录

老科学家学术成长资料采集工程简介

总序一 ··韩启德

总序二 ··白春礼

总序三 ··周济

序一 ··李庆忠

序二 ··徐文荣

导　言 ·· 1

| 第一章 | 少年时代 ····································· 11

　　出身医学世家 ·· 11
　　动荡的童年 ·· 13
　　辗转求学 ··· 15

第二章 | 清华岁月 ... 21

转系插曲 ... 21
名师照亮前行路 ... 22
结缘石油物探 ... 29

第三章 | 西北历练 ... 35

在乌鲁木齐的日子 ... 36
以苦为乐写青春 ... 42
克拉玛依见油流 ... 46
勤奋自学成大器 ... 53

第四章 | 鏖战大庆 ... 58

初探松辽 ... 59
大庆石油地震勘探会战 ... 65
在火车上攻读数学的人 ... 76

第五章 | 转战华北 ... 78

渤海湾找油 ... 79
三维地震勘探与两步法偏移技术 ... 85
从"几何地震学"到"波动地震学" ... 92

第六章 | 调回涿州 ... 98

地震地层学的重要补充 ... 99
物探领域的"反伪斗士" ... 105
李子波的提出 ... 111
圈闭概念的升华 ... 113

　　　　分形、分维技术的争论 ………………………………………… 119
　　　　走向精确勘探的道路 …………………………………………… 122

第七章　结缘海洋　126

　　　　未来蓝图的描绘者 ……………………………………………… 127
　　　　从陆地走向海洋 ………………………………………………… 130
　　　　为师者的情怀 …………………………………………………… 132
　　　　岩性油气田勘探与多波地震勘探 ……………………………… 139

第八章　为霞满天　145

　　　　三十余载编程路 ………………………………………………… 146
　　　　"无机生油"理论 ……………………………………………… 149
　　　　著书立说不停歇 ………………………………………………… 152

结语　从勘探尖兵到物探泰斗 …………………………………… 157

附录一　李庆忠年表 ……………………………………………… 167

附录二　李庆忠主要论著目录 …………………………………… 188

参考文献 …………………………………………………………… 193

后记 ………………………………………………………………… 199

图片目录

图 1-1　1957 年，李君梅夫妇在上海合影 ······················12
图 1-2　震旦大学附属中学校舍 ······························16
图 1-3　上海格致中学旧教学楼，今用作校史馆 ··················18
图 2-1　1951 年，李庆忠在清华大学读书时的光学课程笔记 ········25
图 2-2　1950 年，清华大学学生高唱歌曲报名参加志愿军 ··········26
图 2-3　1990 年，清华大学物理系 1949 级合影 ··················28
图 2-4　1952 年，李庆忠毕业于清华大学 ······················29
图 2-5　1953 年春，北京秦老胡同翻译室部分成员合影 ············34
图 3-1　1954 年，李庆忠在乌鲁木齐明园 ······················36
图 3-2　1954 年，李庆忠获中苏石油股份公司劳动模范证书 ········40
图 3-3　1956 年的梁枫 ····································43
图 3-4　1962 年，李庆忠夫妇与长子李斌合影 ··················45
图 3-5　新疆克拉玛依油田 ··································47
图 3-6　1955 年，李庆忠与中苏石油公司同事欢送苏联专家回国合影 ···50
图 3-7　克拉玛依市的黑油山纪念碑 ··························52
图 3-8　1955 年，李庆忠与同事在乌鲁木齐明园合影 ············54
图 4-1　1958 年，新华社发文《松辽平原有石油》················61
图 4-2　全国石油系统的厂矿、院校、科研院所抽调精兵强将奔赴大庆 ···63
图 4-3　1960 年，大庆石油会战开幕，来自全国各地的参战职工会师荒原
　　　　···64
图 4-4　1961 年冬，参加松辽地震勘探会战的队伍云集吉林省大安县 ···69
图 4-5　1961 年冬，地震勘探队员在野外开展工作 ··············70
图 4-6　1963 年，李庆忠撰写的《来松辽两年半学习情况汇报》······72
图 4-7　反褶积方法及应用论文初稿 ··························77
图 5-1　1966 年，李庆忠绘制的渤海湾及周围地区区域构造 ········80

IV

图 5-2	胜利油田华 8 井纪念碑	82
图 5-3	胜利油田营 2 井	83
图 5-4	1978 年,李庆忠在美国休斯敦调研	91
图 5-5	1979 年,出国前夕的李庆忠	92
图 5-6	1972 年,李庆忠撰写的"地震波的基本性质"初稿	95
图 6-1	1985—1987 年,李庆忠连续三年获评物探局劳动模范及"优秀共产党员"称号	100
图 6-2	1979 年,李庆忠和美国地震地层学家桑格里等人合影	104
图 6-3	《近代沉积与地震地层学》英文手稿	105
图 6-4	1998 年,李庆忠在物探局研究院工作室	109
图 6-5	1987 年,李庆忠撰写的《圈闭分析技术》论文	114
图 6-6	1993 年,李庆忠撰写的《走向精确勘探的道路——高分辨地震勘探系统工程剖析》一书	123
图 6-7	1985 年,李庆忠获国家科技进步奖特等奖	125
图 7-1	2000 年 8 月,李庆忠出席全国石油物探西部地区第九次技术研讨会	129
图 7-2	2004 年,李庆忠在指导学生	134
图 7-3	2006 年,李庆忠参加博士生论文答辩	136
图 7-4	《岩性油气田勘探》	140
图 7-5	《多波地震勘探的难点与展望》	143
图 8-1	1991 年,李庆忠在计算机前编写程序	147
图 8-2	2015 年出版的李庆忠文集	152
图 8-3	2016 年 5 月,李庆忠与东方地球物理公司总经理苟量为文集揭幕	153
图 8-4	2016 年 7 月,李庆忠向中国海洋大学图书馆赠书	154
图 8-5	2016 年,地球物理学家刘雯林对李庆忠文集的评价	155

导 言

我国是世界上最早发现和利用石油的国家，这方面最早的文字记载见于东汉史学家班固所著的《汉书》，但石油资源的大规模勘探开发利用却是在1949年新中国成立之后。谈及新中国石油资源的勘探开发，就不得不提本传记的主人公——中国石油地球物理勘探界唯一的工程院院士李庆忠。

李庆忠祖籍江苏省昆山市，石油勘探专家，中国现代石油物探学科带头人之一，中国工程院院士，曾任中国石油集团东方地球物理勘探有限责任公司（以下简称"东方地球物理公司"）副总工程师，现任中国海洋大学海洋地球科学学院名誉院长。

李庆忠院士既是新中国培养的第一批大学生，也是第一代石油物探人。自1952年参加工作以来，他始终在为祖国寻找石油宝藏的路上埋头耕耘、默默奉献，60余年来，从新疆大漠戈壁到大庆皑皑雪原，再到东营碱滩一片，克拉玛依油田、大庆油田、胜利油田……我国多个大油田的成功勘探与开发都凝聚着他的智慧和汗水。地震波波动理论、三维地震勘探方法、两步法偏移归位技术、地震地层学的重要补充、高分辨率地震勘探……他提出的每一次理论创新、技术突破和方法改进都极大地推动着中国石油勘探事业的发展进程。

从风华正茂的青年到两鬓斑白的耄耋老人，李庆忠以惊人的毅力和顽强的意志在石油物探领域跋涉求索。生活的艰难、技术的落后、设备的陈旧、西方国家的封锁、"文化大革命"的风雨……在一系列困难和曲折面前，他都未曾放弃"为祖国找石油"的理想和信念。在艰苦的岁月里，是什么支撑着他不断前行？在科研求索的征途中，他的动力源自何处？一系列创新发现的提出，成功的奥秘究竟在哪里？他所处的时代、人生的经历和周围的环境对他的科研生涯有何影响？其治学特点和科研风格主要体现在哪些方面？为了找寻这些问题的答案，为了全面梳理总结李庆忠院士的学术成长历程，2014年夏，中国海洋大学承接了中国科协设立的李庆忠院士学术成长资料采集工作。

李庆忠院士为人一向是谦虚低调的，所以，他对于我们开展的采集工作是有"抵触情绪"的。他说，作为中国成千上万物探队员中的一分子，他只是做了自己应该做的，没有什么好宣传的。我们耐心细致地向他解释，给他讲解采集工作和新闻宣传工作的区别，这不仅是对他个人学术成长历程的概括，更是希望通过此项工作以点带面、以个体树群体、以学科写领域，来记录和弘扬新中国第一代石油物探人的成就和精神，向后来人展示中国石油科技发展的曲折历程和老一辈科学家创业的艰辛与不易，进而激励新一辈石油物探人奋发有为、不断前行。多次沟通后，在其爱人梁枫老师的热心协调下，李庆忠院士最终同意我们开展采集工作并提出了三条原则：一是实事求是，不准夸大、拔高，把他塑造成千人一面的高、大、全形象；二是不要因为这件事给他的同学、同事和朋友增加负担和干扰；三是因为年代久远，有些时间节点和历史事件可能会出现不同的表述，要认真做好求证工作，把握不准的内容可以不写。就这样，我们的采集工作在摸索中起步了。

科学家的成长与成才离不开他所处的社会和时代，而且他们的人生轨迹、思想转折和科学建树等往往会受外界环境的干扰和影响。所以，采集小组首先对20世纪30年代至今的时代变迁、社会演进以及世界和中国石油勘探开发的历程等进行了梳理，并重点对新中国石油工业的发展脉络和历次石油大会战进行了分析研究。在此基础上，对李庆忠的家学渊源、求学历程、师承关系、职业选择、科研环境、学术思想、交流合作等进行了深入挖掘与探寻。

采集过程中，采集小组一方面进行口述资料的访谈，沿着李庆忠成长、学习和工作的轨迹，一个地点、一个地点地去采访知情人员，请他们回忆和介绍李庆忠的成长、求学、工作、生活以及科研场景与细节，还有他的思想性格和学术特点的养成过程。访谈对象中，有李庆忠老家的文史专家，有他就读的小学、中学的校长，有清华大学物理系的同学，有在新疆一起从事石油勘探的队友，还有他在东方地球物理公司、中国海洋大学的同事和学生等，他们不仅乐于接受采访，还积极提供线索，为采集工作出谋划策，使我们的工作事半功倍。另一方面是进行实物资料的采集，李庆忠院士的论文手稿、学术著作、亲手绘制的地震资料图、使用过的地震勘探设备以及与他有关的档案资料等都在采集的范围内。两年多时间里，采集小组行程两万多千米，辗转于上海、昆山、北京、乌鲁木齐、大庆、东营、涿州、高碑店、徐水、青岛等多个城市和地区，采访近40人，录制音频资料达3000分钟，拍摄视频资料2500余分钟，整理访谈稿达20余万字。得益于李庆忠院士的慷慨捐赠，我们在实物资料的采集方面也是收获颇丰，共收集到实物500余件，其中手稿100余份、专著4套、证书60余本、地震资料图120余张、信件30余封；采集整理数字化档案和照片800余件……这里面既有李庆忠院士在清华大学求学时记录的叶企孙教授上课的光学笔记，也有他1972年写就的长达21万字的波动地震学论文《地震波的基本性质——复杂断块区的反射波、异常波及干扰波》，还有他撰写的中国石油物探界的经典著作《走向精确勘探的道路》，以及他在各个历史时期的档案资料等。不管是口述访谈，还是实物资料，都对我们全面、深入、立体了解李庆忠院士和他所处的时代以及他挚爱的石油物探事业提供了莫大的支持和帮助，并成为传记书写的重要资料来源之一。

在我们的采集工作开展之前，也有许多以李庆忠院士为书写对象的人物传记、科学类文章发表或出版，这些资料成为我们开展采集工作的重要支撑和参考。如1990年石志在《石油物探报》撰写的《在地质、数学和物理的交汇点上——记物探局副总工程师、局劳动模范李庆忠》一文，这篇文章更多的是展示李庆忠在石油物探领域取得的科技成就，有三维地震勘探方法的创新、波动地震学的提出、地震资料处理的两步法偏移技术等。另有2009年《科学中国人》杂志刊登的贺春禄撰写的《生当报国为石油 从不言悔物探路——记我国著名石油勘探专家李庆忠院士》，比较客观翔实地记述了李庆忠院士大学毕业后的工作经历、科研成就和人生轨迹。在采集过程中，我们找到的文章还有魏世江、吕小霞、赵新安3人联合撰写的《李庆忠：奋战"物探"第一线》，该文于2004年发表于《光明日报》；2007年出版的《工程科技的实践者：院士的人生与情怀》一书收录的潘志林撰写的《守望物探家园——记李庆忠院士》一文；2010年8月14日《中国石油报》刊发的曹占鳌、崔公利联合署名的《甘将红颜伴石油——记原新疆地调处第一任女子磁力队队长梁枫》一文，该文主要展示的是李庆忠的妻子梁枫女士的工作事迹，其中也涉猎了一部分与李庆忠有关的内容；纪玉洪发表在2010年10月29日《中国海洋大学报》上的《一位老院士的人生魅力——访石油勘探专家中国工程院资深院士李庆忠》一文；汪鹏撰写的《把青春献给石油勘探事业》刊载于2014年7月20日《昆山日报》上；2014年12月，香玉撰写的《李庆忠院士：为石油甘愿付出一辈子》刊登在《神州》杂志上；卢嘉锡等主编的《院士思维》一书收录的李庆忠院士的自述文章《不唯书，不唯上，独立思考》等，这些宝贵的文章都从某一个或几个方面给我们的实物采集和传记写作以启迪和帮助。此外，我们还采集到了两部以李庆忠院士为主人公的专题片《我是石油物探人》和《物探人生》。

通过对上述文献资料进行梳理分析，采集小组发现这些文章和专题片更多的是侧重对李庆忠科学研究成果的宣传，忽视了对其学术灵感和创新思维从萌发到付诸实施的全过程探析，而且对其家庭成长环境、父母的熏陶、师长的指引与教诲等童年和少年时期的经历几乎没有提及。此外，这些文章发表的日期较早，无法展示李庆忠院士在2000年以后取得的科研进展和学术成就，如三维圈闭分析程序TRAP-3D的问世、生油理论的争鸣、对中国西部山区地震勘探难关的攻克等。

李庆忠院士的成长和成才历程是比较坎坷曲折的，早年他目睹了侵华日军的残暴行径，亲历了租界内法国人的嚣张跋扈以及国民党统治的反动与黑暗，这些切身体会使他在少年时期就对祖国的强盛和生活的安宁有一种深深的向往和期许，这也是他爱国思想萌生的起点，并在后来的求学和工作中变得愈加牢固，成为他工作后心中始终激荡着的"我为祖国找石油"和"尽快为国家甩掉贫油国帽子"的信念的有力支撑。这些生活中的细节和思想上的轨迹在前述的文章中都没有进行深入的挖掘和考证。此外，石油地球物理勘探是一门实践性极强的学科，任何技术、方法和理论的改进与创新都要经得起实践的检验和生产的论证，而李庆忠尤为重视这一点。与此同时，他的工作轨迹也始终循着新中国石油勘探开发的实践历程行进，在一线的摸爬滚打中，在从实践中来到实践中去的反复验证中，野外地震勘探、数据采集、室内资料分析处理、指导钻井试油等物探工作的各个环节都能看见他的身影。所以，李庆忠的学术研究有其独特的方法、模式和思维习惯，这与他所处的时代、所面临的环境以及物探学科发展的进程密不可分。

按照采集工作的要求，应该把李庆忠的学术成长经历置于时代背景和社会环境之中，与周围的各种影响因素一起进行综合分析、对比研究，而不是割裂开来、孤立地探究。在学术传记的谋篇布局中，我们契合李庆忠院士的人生经历，以时间为主线，以石油物探学科的发展脉络为纲，以新中国石油勘探开发的进程为轴，以其个人生涯的重要时间节点和科技成果作为章节划分的标准与依据。全书共有八章，分别为少年时代、清华岁月、西北历练、鏖战大庆、转战华北、调回涿州、结缘海洋、为霞满天。

第一章主要介绍李庆忠的家学渊源以及少年时期的坎坷经历。1930年10月，李庆忠出生于江苏省昆山县的中医世家，祖父、父亲、伯父等长辈皆是当地颇有名望的医生，自小在药草的香气中熏陶成长，潜移默化中对前来就诊的底层人民生出一种同情和怜悯之情。5岁随家人迁往上海，1937年8月，日军开始进攻上海，李庆忠举家避难法租界。年幼的他目睹了日本侵略者的暴行和法国人的蛮横，爱国、救国思想开始萌生，并在动荡的时局中度过了颠沛流离的小学和中学时代。

第二章以李庆忠在清华大学的求学历程为主要内容。1949年秋，李庆忠作为新中国成立后招收的第一批大学生进入清华大学学习，第一年在电机系学习，后因更热爱物理学转入物理系就读。在物理系，李庆忠遇到了叶企孙、何泽慧、王竹溪、周培源等一批名师，打下了坚实的数理知识基础，为日后从事石油地球物理勘探工作点亮了前行路。1952年，国家酝酿实施第一个五年计划，并要求1949级学生提前一年毕业，李庆忠被分配至燃料工业部石油管理总局，并在北京秦老胡同进行了短暂的物探知识培训，从此开始结缘石油物探行业。

第三章主要记述李庆忠在新疆的8年工作经历。1953年春，李庆忠抵达新疆中苏石油公司，主要从事重力测量工作。其间，斗酷暑、抗严寒、战风沙、搏野狼，他和队友们克服重重困难，一心为国家寻找地下的石油宝藏。同时，他在新疆也度过了一段难忘的青春岁月，并与磁力队队长梁枫喜结连理。为了完善知识结构，李庆忠还自学了构造地质学、大地构造学等地质学方面的知识，与队友们一起探明了克拉玛依大油田。

第四章围绕大庆石油会战展开。1961年5月，李庆忠从新疆前往大庆参加石油大会战，并参与了其中的地震勘探会战。这期间，他主要从事重磁力资料的研究工作，并有意识地加强了对复变函数、数学物理方程等数学知识的学习，撰写了我国第一篇反褶积论文，成为我国运用反褶积技术的开端。他还与同事一起编写了《松辽盆地构造特征及构造发育史报告》《松辽盆地地震勘探方法总结》等报告，连续三年获评"五好红旗手"。

第五章讲述的是李庆忠在东营参加华北石油会战的经历。1964年年初，李庆忠奔赴渤海湾地区找油。这一时期，也是他成果频出的关键时期，三维地震勘探技术的提出、波动地震学理论的阐释、两步法偏移技术的创新……由他主导的一系列在我国乃至世界石油勘探领域震撼性的科研成果纷纷涌现出来，极大地推动了我国石油工业的发展。

第六章介绍的是李庆忠从胜利油田调回涿州物探局之后的学术历程和研究成果，时间节点划分在20世纪80年代初至21世纪。这期间他不仅对从西方传入中国的地震地层学说进行了补充完善，还勇于批判和揭露物探领域的不正之风，与伪科学做斗争，并对石油地质学中的圈闭理论进行了升华。1993年，他出版了人生的第一本专著《走向精确勘探的道路》，时至今天依然被石油物探界奉为经典之作，被誉为"打开高分辨率之门的一把钥匙"。这期间，李庆忠也迎来了收获的季节：1985年，李庆忠作为主要参加人的"渤海湾盆地复式油气聚集（区）带勘探理论及实践"项目获国家科技进步奖特等奖；1991年被授予"国家有突出贡献的专家"称号；1995年5月当选为中国工程院院士；1995年9月在中国石油天然气总公司第四届科技大会上被授予"石油工业杰出科技工作者"称号。

第七章主要介绍的是2001年李庆忠受聘中国海洋大学后，在物探人才培养以及海上石油资源勘探等方面开展的工作。进入21世纪后，李庆忠对石油物探行业的未来发展方向和需要着力解决的难题进行了梳理与归纳，并对广受业界关注的岩性油气田勘探、多波地震勘探进行了研究分析，与博士生张进、王建花分别合著了《岩性油气田勘探》《多波地震勘探的难点与展望》两本著作。

第八章围绕晚年的李庆忠依然心系物探事业、辛勤耕耘展开论述。自20世纪80年代起，李庆忠始终坚持亲自编写程序验证各种物探理论和技术方法的可行性、准确性，日积月累形成了一个拥有200多个模块的SEISPLOT程序包。通过多年工作经验的积累，他对石油地质学界推崇的"有机生油理论"产生了疑问，并从自己的理解出发撰写文章，与有关学者进行探讨、争鸣，呼吁大家在找油时不要只坚持"一元论"（有机学说），应该作两种设想。此外，晚年的他依然笔耕不辍，历时3年，把他60余年的科研成果和学术思想进行了梳理归纳，汇集成了《寻找油气的物探理论与方法》一书（共三册），这既是对他个人学术生涯的总结，也是对新中国石油物探技术进步的记录。莫道桑榆晚，为霞尚满天。截至目前，已年近九旬的李庆忠依然豪情满怀、志在千里，继续谋划和书写着中国石油物探事业的奋进之路。

"石油"这一名词源自北宋著名政治家、科学家沈括，在其经典著作《梦溪笔谈》中这样写道："鄜、延境内有石油，旧说'高奴县出脂水'，即此也。生于水际，沙石与泉水相杂，惘惘而出。土人以雉尾挹之，乃采入缶中。颇似淳漆，然之如麻，但烟甚浓，所沾幄幕皆黑。"又因"石之细碎者谓'砂'"，东汉许慎著的《说文解字》中，也有"沙，水中散石也，字亦作'砂'"的释义，而且在李庆忠的文章论著中多见"砂"字，如《含油气砂层的频率特征及振幅特征》《岩性油气田勘探——河道砂储集层的研究方法》等。我们由以上两处得到启发，结合李庆忠一生钟情于地球物理勘探事业、几十年不懈地为国家寻找地层深处的石油和天然气资源的感人事迹，故将传记命名为《寄情水际砂石间》。

  在采集工作开展中，我们得到了来自社会各方的支持和帮助，也收获了太多的知识与感动。在昆山，已至古稀之年的文史专家陆宜泰先生热心地为我们当向导，帮助联系熟知李庆忠祖辈情况的人士，积极收集李庆忠曾就读过的昆山县立中学的有关史料。在我们数次去涿州采集的过程中，东方地球物理公司的梁云辉老师总是热情周到地帮助协调联系各方；东方地球物理公司的领导和有关科室也为我们的工作提供方便，李庆忠的同事袁秉衡、王克斌以及他的学生侯爱源、方云峰等也欣然接受我们的采访，最为宝贵的是在这里我们采集到了李庆忠不同时期的档案资料。在新疆，何平、刘治蕃、梁绍全、靳仰廉等老一辈石油物探人为我们讲述了当年与李庆忠夫妇一起共事的难忘经历，在感怀过往的同时，他们为国家石油工业的发展繁荣感到自豪。在关于李庆忠清华求学经历的挖掘中，他的同班同学唐孝威院士、赵文津院士对于当时老师授课的情况、课外活动的情况以及李庆忠的学习情况等都给予了认真的回忆。李庆忠在大庆石油会战时期的同事吕志良为我们介绍了当年他们参加石油大会战的艰苦岁月。谈及在渤海湾盆地开发胜利油田的场景，俞寿朋、刘成正、柴振一、王良全、赖正乐、赵良才、张明宝等多位与李庆忠一起并肩作战的队友皆对他执着的科研精神记忆犹新，并为我们讲述了许多鲜为人知的生活和工作细节。在青岛的采集中，中国海洋大学领导，宣传部、新闻中心和海洋地球科学学院的相关负责同志、部分教授、学者，以及李庆忠院士的学生们都给予了无私的帮助与支持。首先，学校自上而下皆十分重视这一采集工作，希望借此机会把李庆忠院士的宝贵学术成长经历进行梳理留存，以激励后人，学校党委常务副书记张静、副校长李巍然和党委宣传部部长兼新闻中心主任陈鷟在工作开展中给予了许多的关心、指导和支持。其次，李广雪教授、周华伟教授、刘怀山教授在访谈中对李庆忠院士为人治学的点点滴滴做了详细的介绍，并对与李庆忠院士交往中印象深刻的诸多细节进行了回忆和描述。李庆忠院士的博士生童思友、张进、王建花、吴志强、张海燕等围绕师生间相处的经历和导师对他们的指导与培养等内容做了介绍，特别是童思友、张进、张海燕三位老师从专业角度对我们的采集和写作进行了不厌其烦的指导。此外，还有在北京、上海、大庆、徐水等地的采集中，我们也获得了各地档案馆、学校和石油单位的倾力支持与帮助，在此一并向以上单位和个人表达深深的谢意。当然，采集小组最应该感谢的还是李庆忠院士以及他的夫人梁枫女士，正是因为获得了他们的认可和支持，我们才得以在浩如烟海的资料中披沙拣金，少走弯路，使采集工作如期顺利完成。

第一章
少年时代

李庆忠的童年、少年时代，中国大地正处在内忧外患、动荡不安的危难关头，在当时特殊社会环境的影响下，幼小、年少的李庆忠不仅过早感受了生活的艰辛与苦难，目睹了侵略者的野蛮残暴，而且也逐渐领悟到祖国富强的重要意义，并在内心开始萌生出爱国、救国的进步思想，一位优秀的少年正在茁壮成长。

出身医学世家

李庆忠祖上居于江苏省嘉定县（今上海市嘉定区），在其祖父一辈迁至江苏省昆山县（今昆山市）。1930年10月10日，李庆忠出生于昆山县玉山镇。

玉山镇位于昆山市的中心位置，因境内的"玉山"（又称"玉峰""马鞍山"）而得名。玉山镇自宋以来杏林荟萃、名医辈出，不仅产生了诸如近代王德森[1]等一批蜚声国内的医界翘楚，还涌现出了许多医学世家，他

---

[1] 王德森（1857-1943），清末民国昆山县人，字宝书，号玉堂，晚号岁寒老人。精研《素问》《灵枢》，并悬壶疗病数十年，擅长内、外、妇、幼各科。

们代代相传、医术精湛、久享盛誉[①]。

　　李庆忠的祖父李培卿（1865—1947）亦深谙医学之道，是当地有名的中医，尤善针灸科。据《昆山市玉山镇志》记载：民国时期，城内李培卿深研经络腧穴，针刺手法高超，享誉远邻[②]。慕名而来就诊的患者络绎不绝，因李家的院墙用涂料粉刷成绿色，每当有前来寻医问药的患者，当地人就告诉他们"绿墙头"的那家便是，久而久之，"绿墙头"的名声就在十里八村传播开来。李培卿膝下共有8个子女，其中李庆忠的父亲李君梅（1902—1980）排行第七。因家庭人员众多，李家的生活并不殷实，李君梅只接受过短暂的私塾教育，后跟随父亲学习中医，走上了悬壶济世的道路。

　　李庆忠的母亲顾秀英（1903—1989）是一位典型的贤妻良母，先后生育了李庆忠兄弟姐妹9人，她相夫教子、照顾家庭、任劳任怨，并以自己朴实善良的心性教育和引导着孩子们成长。

　　在李庆忠的童年记忆中，父亲曾不止一次给他讲过四伯李瘦鹤（1897—1928）的革命事迹。李瘦鹤1925年参加中国共产党，是当时嘉定县地下党组织负责人，曾领导嘉定农民暴动起义。底层出身的李瘦鹤深知普通民众的疾苦，他白天利用自己家传的针灸技艺给广大劳动人民治病，晚上则积极开展地下党工作。1927年四一二事变中由于叛徒告密，李瘦鹤遭到逮捕并被公开杀害。李

图1-1　1957年，李君梅夫妇在上海合影

[①] 昆山市玉山镇志编纂委员会：《昆山市玉山镇志》. 上海：上海科学技术文献出版社，1996年，第283页。

[②] 同上，第288页。

庆忠出生时，虽然李瘦鹤已牺牲，但是在长辈的无数次讲述中，幼小的李庆忠对这位未曾谋面的伯父还是心生敬仰。

出生于医学世家的李庆忠自幼就在药香味的熏陶中成长，既目睹了前来寻医问药的普通百姓的人生疾苦，也被长辈们治病救人、泽被苍生的行医之举感化着，但李庆忠的祖父和父辈并没有刻意地要求他继承祖业，做一个救死扶伤的医生。据李庆忠回忆，儿时的他对中医持一种矛盾的心理，一方面对父亲治病救人的高超技艺十分敬佩，但另一方面他始终提不起兴趣去学习这方面的知识。但在这种独特医学家风的熏染中，李庆忠逐渐养成了温和、谦卑的性格和善良、朴实的心境。对劳动人民的同情怜悯和对动乱社会的不满之情同时在他幼小的心灵深处潜滋暗长开来。

动荡的童年

1935年，33岁的李君梅携妻子和3个孩子离开家乡昆山，前往上海讨生活，此时的李庆忠只有5岁。抗战全面爆发前夕的上海虽已呈现出"山雨欲来"之势，但依然有来自全国各地的人涌进这座城市。

李君梅凭借精湛的医术在市中心开了一间小诊所，每天前来寻医问药的人络绎不绝。李君梅最擅长针灸治疗风湿类疾病，有一次，一位患者被人用担架抬着前来就医，李君梅几针下去之后，患者竟然很快可以站立走路了。在李庆忠的记忆里，父亲虽然很神奇，但从来不给自己家人看病，每当家里有人生病时，李君梅就会去请一个行医的朋友前来帮着诊治。"不给自己和家人看病是父亲一生恪守的信条，或许他下不了狠心、用不了猛药。"[①]

在大家的口耳相传中，李君梅的名气大了，患者多了，诊疗费的收入

---

① 李庆忠访谈，2016年7月11日，青岛。资料存于采集工程数据库。

自然也就丰厚起来。很快，李君梅一家不仅在上海站稳了脚跟，而且生活也逐渐好转，日子越过越富裕。

1935年，李庆忠进入江苏省立实验小学（今上海市徐汇区上海小学）就读。

抗日战争全面爆发后，大量中国难民涌入英美法控制的租界，仅法租界最多时就有80余万华人。在日军的野蛮轰炸下，上海的学校损失严重，部分学校被迫转入租界延续办学。租界"孤岛"，弹丸之地，却集中了各类学校334所，有学生33万之多。租界内的学校大致分为四类："一是租界当局主办的学校，有中学、小学及青工夜学等。二是名义上为私立，实际上原属国民政府公立，现仍秘密接受政府津贴与指示的学校。三是教会办的学校，主要有天主教会和基督教会主办，大中小学校皆有。四是中国人自己办的私立学校，这是为数最多的，包括大中小学校、职业技术学校、成人补习班等。"[①]

1937年八一三事变后，江苏省立实验小学地处郊区的吴家巷校舍很快被日军占领，学生被迫迁至市内继续读书。

躲入法租界的李庆忠转入私立崇真小学[②]就读。

自进入法租界避难后，前来找李君梅看病的人少了，这个8口之家的经济状况变得拮据起来，有时候不得不靠变卖一些金银细软来补贴家用。据李庆忠回忆，他们在法租界的居住环境如同电影《七十二家房客》里的场景，在逼仄的空间里住了很多人，每天听到的都是大人的叫骂声和小孩子的哭闹声。在提心吊胆的日子里，李庆忠既要提防日军毫无征兆的轰炸和租界军警带有侮辱性质的盘查，有时还要为了生计奔走。在抗日战争最困难的1942年，有时天不亮，李庆忠就要和兄弟姐妹一起去排队买米，如果去得晚了，全家就得挨饿。在那兵荒马乱的年代，买米的人太多，经常出现秩序混乱、拥挤不堪的情况，这时候还要提防管理人员的鞭子。李庆

---

① 陈科美，金林祥：《上海近代教育史1843—1949》。上海：上海教育出版社，2003年，第450-451页。

② 私立崇真小学创建于1925年，由法国天主教拯亡会、上海若瑟堂天主堂创办，属于典型的教会学校。

忠邻居家的一个小孩，也是他的玩伴，本想偷偷越过日本人的封锁区去买米，在穿越铁丝网的时候被日军发现、开枪打死。晚年的李庆忠忆及这段经历，依然难掩愤慨之情。艰难的日子里，父母经常告诫他们兄弟姐妹唯有学好知识、掌握本领，将来才有机会摆脱这种受压迫、受欺凌的状态，过上安定幸福的生活。尽管诊所的生意萧条，日子过得艰难，但李君梅夫妇还是努力让所有的孩子上学读书，并严格要求他们。年幼的李庆忠对父母的苦心似懂非懂，但贪玩是孩子的天性，李庆忠也不例外，有几次因和小伙伴跑去徐家汇的水边捉螃蟹而耽误了学习，遭到了父亲的惩罚。

一年之后，李庆忠转入正中附小就读，脱离了宗教仪式束缚的李庆忠在这里"才稍微呼吸到一点自由的空气"①。1940年，他又转入位于延安东路的尚才小学继续学业，但尚才小学的学习环境并不是太好，时常发生该校学生与外校学生打架的事情。受大环境的影响，这一时期李庆忠的学习成绩下降很快，仅能维持刚好不用复课留级的样子，各门功课中唯有数学成绩还不错。正是因为他这份从小就怀有的对数学知识的热爱，为他将来进入中学、考上大学以及参加工作后的自学和从事科学研究等奠定了基础。

辗 转 求 学

1942年7月，李庆忠小学毕业了，当时震旦大学附属中学②（今向明中学）在学费征收方面对信教家庭的孩子有所照顾，在提出申请的情况下可以减免一半。尽管李庆忠对天主教怀有很大的抵触情绪，但考虑到家里的经济状况，他还是委曲求全地走进了这所具有浓郁教会背景的学校。

1942年，李庆忠进入震旦附中就读的时候，学校处在天主教会的管

---

① 李庆忠自传，1956年。存于中国石油东方地球物理公司。
② 震旦大学附属中学由原天主教耶稣会司铎、爱国老人马相伯于1902年创办震旦学院时一同创建的震旦学院预科发展演变而成。

第一章 少年时代

寄情水际砂石间　李庆忠传

图 1-2　震旦大学附属中学校舍（向明中学提供）

控之下，学生经常被要求背诵拉丁文、法文，还要参加辅弥撒之类的宗教仪式。李庆忠因为内心抵触此类宗教活动，时常遭到老师的责罚（用戒尺打手心）。有时候因为表现不好，还会被"留校"（放学后留校自修半小时）。正值少年的李庆忠觉得自己太不自由了，不仅家园被日军占领了，就连上学也要受法国人的管制，还要强迫信仰他们的宗教，一股强烈的反抗意识在他的内心深处油然而生。震旦附中的课程大都用法语教学，李庆忠这一时期的学习成绩并不是很好，处于中下游水平，除数学、物理外，其余课程均维持在 60 分左右。

　　1945 年 2 月，强弩之末的日军已经很难维持对上海的统治，上海周围经常听到国人反抗侵略的枪炮声。为躲避战乱，初三下学期，在母亲的陪伴下，李庆忠回到老家昆山，以插班生的身份进入昆山县立中学（今昆山市第一中学）农科班就读。

　　昆山县立中学是一所历史悠久且有革命传承的学校。1924 年，苏南各地兴起创办县立初级中学的风潮，在昆山县主管教育的劝学所所长王沂仲的奔走呼吁下，昆山县立中学得以创建，聘开明学者吴粹伦[①]为首任校长。吴粹伦注重良好学风、教风的养成，并亲笔题写了"诚笃朴实"的校训

[①] 吴粹伦（1883—1941），昆山人，教育家、昆曲家。在他的倡导下，昆山县立中学不仅成立了学生会，他还亲自动手用蜡纸刻印昆曲教材、一字一句地教唱，为在校内推广昆曲、培养爱好者不遗余力。

和"当思来处"的礼堂匾额，以此激励学生求学上进。抗日初期，校舍曾毁于日军炮火，1939年9月得以复校。李庆忠入校的1945年正值中国共产党地下党在学生中发展了第一批党员，并成立了第一个党小组。广大学生经过积极争取，还建立了县中学生自治会。党组织通过学生自治会组织了许多文娱、体育活动和社团活动，成立了篮球队、数学研究会、英文补习班。"呐喊社""文笔峰社"等进步社团也积极组织开展读书活动，传播进步思想，团结教育广大同学。对于从教会学校转入的李庆忠来说，这些都是新鲜而奇特的。对日本人的仇恨、对天主教的抵触、对进步思想的向往……各种情愫在这名15岁少年的内心碰撞着、交织着，也潜移默化地影响着他未来的成长。

　　1945年7月，李庆忠初中毕业了。当时的昆山县没有高中，战乱年代也没有适合他那个年龄的工作，为了学得一技之长，在乡邻的介绍下，李庆忠进入日本人在昆山创办的乡村建设训练班学习了两个月。乡村建设训练班是日本人以城乡建设、发展农业、培养农村干部的名义开办的欺骗奴役中国青年知识分子的学校。除了在理论课程上推行奴化教育、腐蚀青年人的思想，每天还安排长达十五六个小时的繁重体力劳动。训练班的生活很艰苦，吃的是腐烂变质的饭菜，住宿大都席地而卧。稍有不慎，还会招来日本人和伪军的打骂。李庆忠记得，一天中午日本人前来检查时，发现他们在休息，就勃然大怒，命令他们紧急集合，让所有学生在火辣辣的太阳下工作了两个小时，一名学生因为干活慢了，就被揪耳朵。回顾这段经历，李庆忠在个人自传中写道："这些事情在我们解放了（的）祖国，获得自由的土地上，再想想，回忆起来是令人心里有说不出的难过的。民众受压迫的痛苦的确是记忆犹新的。"[①] 当时，李庆忠之所以选择这所学校，除这所学校提供食宿以外，还因他的表哥顾云西以及昆山县立中学的几个同学也在这里读书。顾云西是李庆忠舅舅家的第三个孩子，受中共地下党的指派潜伏于乡村建设学校秘密从事党的工作。李庆忠虽然每天跟着表哥一起上课、劳动，却并不了解顾云西的真实身份。

---

① 李庆忠自传，1956年。存于中国石油东方地球物理公司。

1945年9月底，李庆忠重返上海。熟悉的街道上再也见不到耀武扬威的日本人，昔日受压迫、欺凌的怨恨情绪得以宣泄出来，这位少年的心情自然十分高兴。同年10月，李庆忠没能参加国民政府组织的初中升高中的招生考试，无法进入公立中学就读，只好再一次迈进了震旦附中的大门并在高中部学习。抗战虽然胜利了，但李庆忠发现老百姓的生活还是很艰难，物价飞涨、民不聊生。相反，那些达官贵人们却过着富足的生活，不但不管底层人民的死活，还经常欺压百姓。渐渐地，在社会环境、家庭环境以及震旦附中特有的文化环境、宗教氛围等多重因素的作用下，李庆忠对胜利后的社会感到失望和心灰意冷。对于一个生性纯净、内敛、不谙世事的少年来说，此前设想的抗战胜利后的种种美好场景都没有实现，这给他的内心平添了许多失落。

在震旦附中读了一年半以后，1947年2月，李庆忠转入上海市立格致中学就读高二（下学期）。期末考试因为体育不及格而被留级一学期，进入春季班，从高二下学期重新学起。留级之后，坏事变好事，因为此前李庆忠许多课程学得不够扎实，正好借此机会得以

图1–3 上海格致中学旧教学楼，今用作校史馆
（2015年刘玉松摄）

进一步巩固、提高。每当回忆起这次留级，李庆忠认为这是他成长道路上很重要的一个转折，为他后面的学习和升学夯实了基础。学习之余，李庆忠喜欢读一些科学家、发明家的传记，通过阅读名家的成长故事，李庆忠觉得他们是如此的伟大，并萌生了以他们为榜样、学好知识、造福社会的想法。

因为留级的缘故，李庆忠高中毕业时正值1949年年初，还有半年的时间才进行大学入学考试。此时的李庆忠已至成年，具备了自觉学习、主动学习的意识。毕业后，他与蒋寿九、程祖球、吴健英等八九位同学一起

组成了自学小组，重点强化数、理、化的学习，每周还抽出固定的时间就难解的问题进行小组讨论。晚上，李庆忠还曾持续 3 个月去慕时英文夜校补习英语。正是这段时间的勤奋自学，使得李庆忠对高中阶段的知识得以进一步消化、吸收、巩固，并打下了坚实的数理基础，为其日后顺利通过高考、进入大学创造了条件。1949 年年初的上海处于全面解放的前夕，大势已去的国民党政权肆无忌惮地搜刮、欺压百姓，货币贬值、物价飞涨，人民极度贫困，反蒋、倒蒋的呼声日益高涨。李庆忠在学习之余，会与同学们谈论一些政治话题，特别是对国民党的反动统治十分愤慨。他们就通过唱《茶馆小调》[1]等进步歌曲表达内心涌动的"把那些压迫我们，剥削我们，不让我们自由讲话的混蛋，从根铲掉！"的想法。

1949 年 5 月 25 日清晨，李庆忠像往常一样起早去找自学小组的同学们学习。走出家门时，他被眼前的情景惊呆了，一排排的士兵睡在街头，从周围议论的人群中，李庆忠得知这是陈毅领导的解放军入城了。这支由中国共产党领导的军队的纪律严明、不扰民的场景深深地印在了李庆忠的脑海里并伴其一生。当时正在上海工作的气象学家竺可桢在日记中也记录了解放军入城时的亲民举措："26 日。下午三点起微雨，子夜大雨。上海全部解放……解放军在路站岗，秩序极佳，绝不见欺侮老百姓之事。在研究院门前亦有岗位，院中同人予以食物均不受。守门之站岗者倦则卧地，亦绝不扰人，纪律之佳诚难得也。"[2]1949 年 5 月 27 日，上海宣告解放。

新中国成立之初，为稳定全国政局、使高等教育平稳过渡，各高校仍沿袭民国时期的做法，实行单独招考。但北大、清华、南开 3 所大学和北京师范大学、北洋大学（现天津大学）分别采取了联合招生的形式；上海市则率先成立"上海市国立大学、专科学校统一招生委员会"，采用统一招生考试的办法，上海交通大学、上海法学院、上海商学院等 16 所高校于当年 8 月 11 日使用统一试卷同时进行考试。经过半年的自学，李庆忠不仅把此前落下的知识补齐，而且还进一步夯实了数理化基础。国民党反动

---

[1] 《茶馆小调》由长工作词，费克作曲，1944 年年底作于昆明。首先在西南联大传唱，后成为风靡全国的著名讽刺歌曲。

[2] 竺可桢:《竺可桢日记》。北京：人民出版社，1984 年，第 1255-1256 页。

政府终于垮台了，轮到人民翻身当家做主了，想想人民解放军亲民爱民的纪律表现，李庆忠更加坚定了考大学，进一步学习文化知识、服务社会、建设新中国的信心。

1949年8月11日，怀着自信而又激动的心情，李庆忠参加了上海解放后的首次高考。既然选择了上大学就要上最好的，在填报志愿的时候，李庆忠同时选择了清华大学、浙江大学、上海交通大学、同济大学等6所国内知名高校。最终，凭着优异的成绩，6所学校都录取了他。经过深思熟虑，李庆忠最终选择了远在北京的清华大学。

第二章
清华岁月

1949年秋,李庆忠走进仰慕已久的清华大学。据和李庆忠一同入学的同班同学唐孝威[1]回忆:在前门火车站,清华大学迎接新生的敞篷卡车已经在等候。那时候,从城里通向清华大学的路没有硬化,尘土飞扬,道路两旁是一眼望不到边的青纱帐,清华大学周围也还都是农村景象[2]。李庆忠对北京风沙的印象也十分深刻,一下火车,他看见街上的妇女都围着纱巾,用来遮挡风沙和尘土。

转系插曲

因为听说清华大学的电机系最有名,而且考虑新中国成立后国家建设需要大量的工程技术人才,李庆忠毫不犹豫地选择了电机系。

---

[1] 唐孝威(1931-),原子核物理及高能物理学家,中国科学院院士。1949年考入清华大学电机系,第二年转入清华大学物理系就读。

[2] 周金品,张春亭:《从原子弹到脑科学——唐孝威院士的传奇人生》。北京:科学出版社,2003年,第34页。

1949年9月，李庆忠作为新中国成立后电机系招收的首届学生正式入学。当时的清华大学电机系除了系主任章名涛①教授外，还有常迥②、杨津基③、唐统一④等一批名师在此执教。作为一所由文、法、理、工、农学院组成的综合性大学，清华大学十分重视学生综合素质的培养。大学一年级期间，除了电机系的许多基础课程，李庆忠还学习和聆听了辩证唯物主义、历史唯物主义、社会发展史、中国革命史等大课和报告，并积极参加各种课外体育活动。

李庆忠在电机系的学习成绩不算太好，大体处在中游水平。而且经过一段时间的学习，他觉得自己对物理学的兴趣更大。于是从第二学年开始，经电机系系主任章名涛和物理系系主任孟昭英⑤同意，李庆忠和其他几名同学一起转入物理系就读。

名师照亮前行路

清华大学物理系成立于1926年，是该校成立最早的十个系之一。物理系首任系主任是我国著名教育家、物理学家、中国近代物理学奠基人之一叶企孙先生。物理系初创之时，仅有梅贻琦⑥、叶企孙⑦2位教授，还有2

---

① 章明涛（1907-1985），早年留学英国，1932年始在清华执教，被聘为教授，筹建电机系。先后任清华大学电机系系主任20余年，为电机系的发展做出了卓越贡献。

② 常迥（1917-1991），直隶房山人（现属北京市），信息科学家。1940年毕业于西南联合大学电机系，1947年获美国哈佛大学应用科学系哲学博士学位，后回国在清华大学任教。

③ 杨津基（1916-2015），江苏省嘉定县人，电工教育家，我国最早从事高电压技术研究者之一。1941年获德国柏林工业大学工程硕士学位，曾任同济大学、清华大学教授。

④ 唐统一（1917-2013），广东中山人，电磁测量与仪器仪表专家、教育家。长期从事仪器仪表和计量测试方面的教学科研工作，在精密测量技术与仪器方面有高深的造诣。

⑤ 孟昭英（1906-1995），出生于河北省乐亭县，电子学家、物理学家。1947年由美国回国，在清华大学物理系任教，后兼任代理系主任，并开设了无线电学、电波学等课程。

⑥ 梅贻琦（1889-1962），字月涵，祖籍江苏武进。1914年，由美国伍斯特理工学院学成归国，历任清华学校教员、物理系教授、教务长等职。1931-1948年任清华大学校长。

⑦ 叶企孙（1898-1977），名鸿眷，字企孙，上海人，物理学家、教育家，中国近代物理学奠基人、中国物理学界的一代宗师。

名教员、1名助教、2名教学辅助人员,本科生两个年级共7人。在叶企孙的努力下,后来又聘请了吴有训①、萨本栋②、周培源③、余瑞璜④等多位知名教师。

在课程设置方面,清华大学物理系侧重给予学生古典物理和近代物理理论与实验方面的教育。既要让学生掌握物理现象的基本知识,又要具备在物理方面应用数学方法的能力,还要接受近代科学实验方法的专业训练。

物理系的必修课程有16门之多,大都是古典物理的基本知识。其中"一年级学《普通物理》(含力学、热学、电磁学、光学四个部分);二年级学《中级物理》(含中级力学、热学、光学、电磁学及中级物理实验五门);三年级是更深层次的力学、热力学、光学、电磁学以及分子运动的物质论等课程;四年级则主要是近代物理和无线电学及与这两门课对应的实验课,此外还有一门毕业论文"。⑤

1946年5月4日,西南联合大学正式完成历史使命,同年10月清华大学在北平开学。抗战时期,物理系的图书资料、实验设备被日军损毁严重。广大师生在叶企孙等人的带领下齐心协力,重建物理系,使之很快恢复到接近战前水平,并成为当时众多爱好物理学的青年学生和科研人员向往的地方。这一时期陆续加入物理系的教授还有钱三强⑥、彭桓武⑦等。

---

① 吴有训(1897-1977),字正之,江西高安人,物理学家、教育家,是中国近代物理学研究的开拓者和奠基人之一。1928年起在清华大学任教,曾任物理系主任、理学院院长等职。

② 萨本栋(1902-1949),出生于福建省闽侯县,物理学家、电机工程专家、教育家。1928-1937年任清华大学物理系教授。

③ 周培源(1902-1993),江苏省宜兴县人,著名流体力学家、理论物理学家、教育家和社会活动家,中国近代力学奠基人和理论物理奠基人之一。1929年回国后任清华大学物理系教授。

④ 余瑞璜(1906-1997),江西宜黄二都人,著名物理学家、凝聚态物理学家。1930年被清华大学聘为物理系助教,1939年英国留学回国后在清华大学金属研究所任职,后调至物理系任教。

⑤ 清华大学校史编写组:《清华大学校史稿》。北京:中华书局,1981年,第193-194页。

⑥ 钱三强(1913-1992),原籍浙江湖州,生于浙江绍兴,核物理学家,中国原子能科学事业的创始人。1948年回国后在清华大学物理系任教。

⑦ 彭桓武(1915-2007),生于吉林长春,物理学家。1935年毕业于清华大学,后赴英国留学,1947年回国后在云南大学任教,1949年回到清华大学物理系任教。

1949年，物理系又补充了许多青年教师，师资规模得以进一步扩大。当时的清华大学物理系可谓名师云集，除系主任孟昭英外，还有叶企孙、王竹溪[①]、彭桓武、余瑞璜、葛庭燧[②]、周培源、钱三强等诸多富有传奇色彩的学者在此讲学任教。在这一批大师的言传身教、耳濡目染中，无论在学术研究中还是为人处事上，都对青年时期的李庆忠产生了极大的影响。这些名师大家犹如一盏盏明灯，照亮了李庆忠的人生前行之路，并为其未来从事石油地球物理勘探工作奠定了坚实的学科基础。

　　在诸多授课教师中，令李庆忠印象深刻的当数光学课的老师叶企孙教授了。时至今天，他还保存着当年光学课的笔记本。翻开早已泛黄的纸张，一张张图幅、一行行文字，并配以不同颜色的标注，密密麻麻、整整齐齐地记录着当时课程的主要内容。谈起对叶企孙教授的印象，李庆忠回忆说："叶企孙教授上课不带教材，登上讲台就开始讲，从几何光学一直讲到物理光学。叶老师为人真诚、朴实，不仅在物理学研究领域成绩突出，而且对学生也很好，许多知名的科学家如钱三强、钱伟长、李政道、杨振宁等皆是他的学生。可惜的是，'文化大革命'中受迫害，加之疾病缠身，于1977年1月不幸去世。"[③]

　　时至今天，每当忆起自己在20世纪70年代初提出的关于石油地球物理勘探的"积分法绕射波扫描叠加偏移"技术，李庆忠都说这完全得益于叶企孙教授的光学课。在胜利油田开发中，面对当时在石油物探领域普遍运用传统几何地震学获得的地震资料在复杂构造上与钻井资料不符的情况，李庆忠大胆设想，借用物理光学的概念，历经反复实验，提出了波动地震学的重要推论，并加以提炼总结后最终形成了指导生产实践的重要技术方法。

　　此外，在当时的任课教师中，李庆忠还对王竹溪的统计物理学、周培

---

① 王竹溪（1911—1983），名治淇，字竹溪，以字行，湖北省公安县人，物理学家、教育家、中国热力学统计物理研究开拓者。1938年夏获剑桥大学博士学位后回国，在昆明西南联合大学任清华大学教授。

② 葛庭燧（1913—2000），山东蓬莱人，金属物理学家。1937年毕业于清华大学物理学系，1949年从美国回国后担任清华大学物理系教授。

③ 李庆忠访谈，2014年9月19日，青岛。资料存于采集工程数据库。

源讲授的力学、孟昭英的电磁学等印象深刻。特别是钱三强与何泽慧[①]冲破外国势力阻挠毅然回国执教的故事以及王竹溪等教师在为人为学方面的言行举止等都潜移默化地影响着他的世界观、人生观和价值观。

实验是物理系教学中比较重视的环节,自 1928 年起,清华大学物理系就要求学生选修实验课的学分不得少于理论课的 1/2。实验课分组进行,两人一组,分为实验前的准备(预习)、实验、实验后的总结(撰写实验报告)。据李庆忠的同学唐孝威回忆,他和李庆忠分到一个小组,两人经常一起做实验、合作撰写实验报告。因为老师要求严格,他们也就不敢马虎大意,在这种实验中也进一步加深了对专业理论知识的理解,增强了动手实践能力,培养了工作技能。

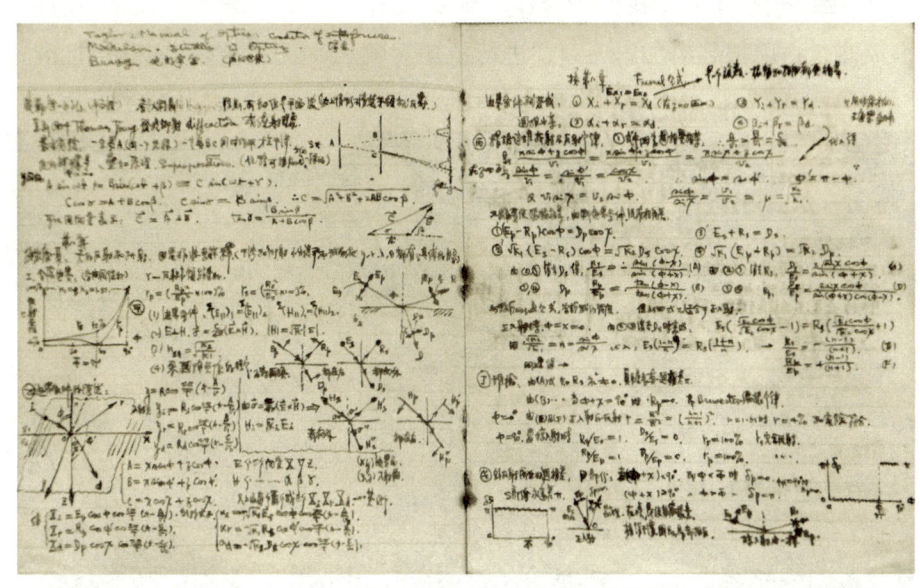

图 2-1　1951 年,李庆忠在清华大学读书时的光学课程笔记

从当时的成绩单来看,李庆忠大部分科目的成绩在 60—70 分。据其同班同学赵文津[②]回忆:当时正值"三大运动"时期,抗美援朝、土地改

---

①　何泽慧(1914—2011),女,生于江苏苏州,籍贯山西灵石,核物理学家。1936 年毕业于清华大学,1948 年夏同丈夫钱三强一起回国在北平研究院任职。

②　赵文津(1931—),北京人。1952 年毕业于清华大学物理系,中国工程院院士,主要从事矿产勘查和深部地球物理探测。

革、镇压反革命，参军、参干，捐献飞机大炮，反贪污、反浪费和反官僚主义以及知识分子思想改造运动……占据了很多上课和学习时间，这个成绩在当时就算是不错的了。"李庆忠属于很有主见、自己主动学习的学生，与人交往也很热情"。①

尽管李庆忠为人低调、沉稳，专注于学习，但在民族危难之际，当祖国需要的时候，他也会毫不犹豫地挺身而出，奉献自己的智慧和力量，乃至付出生命也在所不惜，绝不当旁观者和退缩者。

1950年10月，美帝国主义把战火烧到了鸭绿江边，党中央、毛主席发出"抗美援朝、保家卫国"的伟大号召，全国各大高校的青年学生群情激昂、热血沸腾，纷纷要求报名参军、参干。对于当时的情景，李庆忠依然记忆清晰："我感觉我们国家刚开始搞建设，美国人就要打过来，所以很愤慨，自愿报名参加志愿军，进行抗美援朝。"②虽然最终没有获得批准，

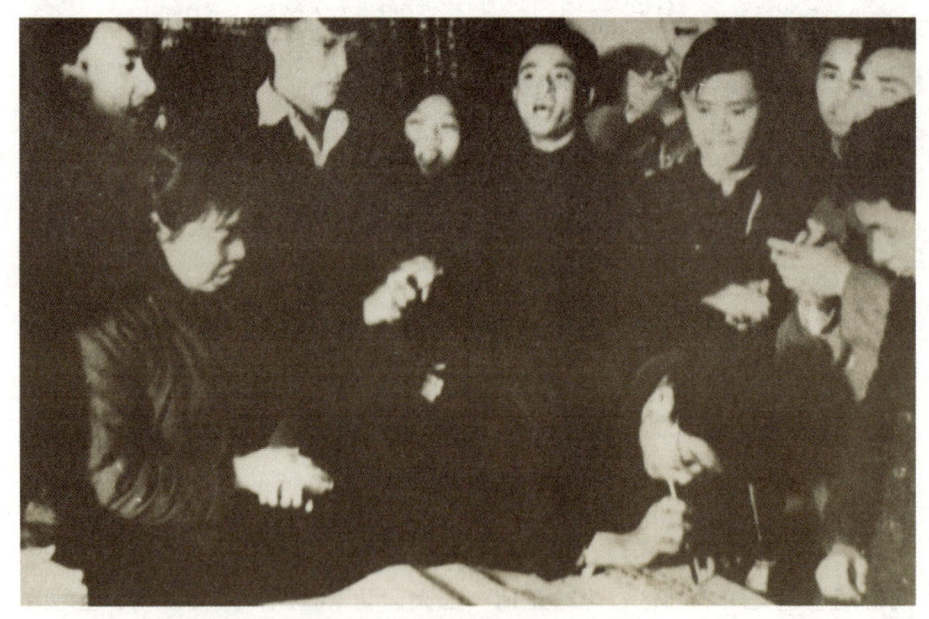

图2-2 1950年，清华大学学生高唱歌曲报名参加志愿军

---

① 赵文津访谈，2015年1月12日，北京。资料存于采集工程数据库。
② 李庆忠访谈，2014年9月19日，青岛。资料存于采集工程数据库。

但是李庆忠依然没闲着，他和班上的同学一起组织排练了活报剧[1]《鸭绿江上》，深入工厂、街头、其他学校进行演出，积极宣传动员大家抗美援朝。《鸭绿江上》讲述了住在鸭绿江边一个以打鱼为生的家庭，遇到美国飞机的机枪扫射，一家人被打死的凄惨故事。全剧大约15分钟，采用歌唱的形式。演出期间，李庆忠主要负责管理、摆放其中的道具，他们的演出持续了半月之久。

李庆忠虽然在物理系就读，但对文学作品依然十分热爱，通过阅读进步文学作品，他的思想信仰更加坚定，并逐渐萌生了向党组织靠拢的念头。这期间，他先后阅读了《钢铁是怎样炼成的》《绞索勒着脖子时的报告》《卓娅和舒拉的故事》《怎么办》《我们这里已是早晨》，还有鲁迅的小说、魏巍的报告文学等。他在1952年9月6日填写的《干部履历表》中这样写道：

> 入团前看了《钢铁是怎样炼成的》，使我看到人的一生应该如何来度过；在报名参军时看了《康庄大道》，思想上巩固了为祖国拿起枪的准备；在分配工作时看了《幸福》和《我们这里已是早晨》，使我觉得世界上最有意义的事是为人民创造幸福，只有不怕困难的辛勤劳动换来的成就才是最足以鼓舞自己的力量泉源。[2]

1950年11月1日，新的清华大学校刊——《人民清华》[3]创刊，总编辑由学生张信传担任，编辑分别由中文系教授余冠英[4]和物理系学生钱宁[5]

---

[1] 活报剧是以应时性、时事性为特征的戏剧类型。这类剧目能及时反映时事以达到宣传的目的，就像"活的报纸"。

[2] 《干部履历表》，1952年9月6日。存于东方地球物理公司（河北涿州）档案室。

[3] 《人民清华》以"反映以教学为中心的工作情况，从而推进我们的教学及其他方面的工作"为宗旨，每周一期，四开四版，1950年11月—1951年10月共出版24期，于1952年院系调整期间停办。

[4] 余冠英（1906-1995），生于江苏扬州，中国古典文学专家。1931年毕业于清华大学，后在清华大学、西南联大等校任教。

[5] 钱宁（1931-），1949年开国大典中清华大学学生队伍领呼口号者。1976年离开中国，1980年任《科技导报》（美国出版）首任主编。

担任，而钱宁正是李庆忠所在班级的班长。受钱宁的影响，李庆忠积极参与《人民清华》的编辑与发行工作，并协助钱宁校对稿件、审读文章等。这期间，李庆忠不仅加入了中苏友好协会①，还在同宿舍舍友许国敷的介绍下加入了清华大学歌咏队。出于对音乐艺术的喜爱，李庆忠还经常去清华大学生物馆旁边的音乐室旁听音乐欣赏课，尤其喜欢古典音乐的美。

图 2-3 1990 年，清华大学物理系 1949 级合影（前排右一李庆忠）

在 1952 年 9 月 6 日填写的《干部履历表》中，李庆忠记录了他这一时期在思想上积极向团组织、党组织靠拢的变化轨迹。

> 抗美援朝时，初步从民族立场觉醒过来，看到工人、农民对祖国的热爱，志愿军击败凶恶的敌人，体会到新生祖国的可爱。在参军运动中体会到了个人和祖国的利益是一致的。党会领导新中国走向繁荣富强的。因此，初步有了入团的想法。
>
> 在入团过程中初步下定决心终身为革命事业服务，在组织的帮助

---

① 中苏友好协会成立于 1949 年，是新中国成立的第一个针对具体国家的友好组织，伴随着中苏关系从友好、分歧、恶化、分裂到恢复正常化的全过程。

下逐渐由民族觉悟提高到初步的阶级觉悟。有了入党要求，愿意献出自己的一切来使人民过上期望的美满生活——共产主义社会早日实现。①

1951年5月4日，李庆忠在电机系学生高文业的介绍下加入了中国共产主义青年团。在清华大学读书期间，李庆忠曾以团组长的身份前往北京西郊山区帮助开展团的工作，协助当地团组织上团课，并配合搞好村里的其他政治工作，历时一月有余。

1952年8月17日，在同班同学唐孝威、齐卉荃的介绍下，他加入了中国共产党。历经三年的大学洗礼，伴随着新中国成长的脚步，李庆忠从一名"一心只读圣贤书"的大学生逐渐成长为一名理想信仰坚定的社会主义建设者。

结缘石油物探

20世纪50年代初，历经两年多的恢复重建，新中国的国民经济状况已经有所好转，但工业发展落后、人民生活水平偏低，与发达国家相比差距较大的现实依然摆在眼前。1951年年底，中央鉴于经济建设各条战线技术人员匮乏，决定全国1949级大学生一律提前一年毕业。1952年9月，刚读完大三的李庆忠提前一年毕业了，因为是特殊情况特殊对待，所以李庆忠和同学们连毕业论文都没来得及写，甚至毕业证都没有领，就投入轰轰烈烈的建设新中国

图2-4　1952年，李庆忠毕业于清华大学

---

① 《干部履历表》，1952年9月6日。存于中石油东方地球物理公司。

第二章　清华岁月

的热潮中去了。

在填写毕业分配的志愿时，李庆忠坚定地写下：到祖国最需要的地方去，到最艰苦的工作岗位上去，坚决服从组织分配。根据国家需要，李庆忠被分配到了燃料工业部石油管理总局，成为一名实习生。

中国的近代石油工业起步于清朝末年。当时，西方列强向中国倾销的商品中，除鸦片、棉纱外，就是以"洋油"为代表的石油产品。面对这一趋势，先是洋务派尝试引进外资开办油矿，但大量财富外流，又有维新派人士陈炽在其著的《续富国策》中指出："中国自有煤油，不知开采，而甘以白金两千万，岁畀诸异国之人，可谓智乎！" 19 世纪末 20 世纪初，当陕北延长油矿第一口现代油井出油后，美国的美孚石油公司开始重视这一地区，并企图获得陕北石油的开采权。1914 年，北洋政府与美孚石油公司签订《中美合办油矿合同》，并成立了"中美油矿事务所"，共同勘探开发陕北延长、热河承德等地的石油资源。根据《中美合办油矿合同》，美孚石油公司派出 6 名地质师和 5 名测量技师与中方人员组成中美勘探队，并运来了钻机，在陕北 10 万平方千米的范围内进行石油勘探。两年间，先后打了 7 口井，但含油并不丰富，于是他们就在调查报告中给出了"中国贫油"的结论[①]。在此基础上，1922 年，美国斯坦福大学教授布莱克维尔德（E. Blackwelder）在纽约举行的美国矿业工程师学会上发表《中国和西伯利亚的石油资源》一文，认为中国绝不会生产大量的石油。

在这一时期，还有美国新莱尔联合石油公司地质师希洛埃、美国德士古石油公司罗杰斯等人刊发文章指出"中国贫油"。他们的观点主要集中在：当时主导世界地质界的权威理论是"海相生油论"，认为石油是在海相地质中生成的，而陆相地层中是不可能形成油藏的，即使有，也是含量少、规模小的不具备开采价值的油层。中国境内大部分地区是陆相地层，所以他们对中国的石油矿藏和开采持不乐观态度，进而唱衰中国石油工业，大肆渲染"中国贫油论"。

这种宣传论调对于新生的中国石油工业无疑是重大的打击和挫折。此

---

① 刘立范，张元强，张叔岩：《中国石油通史卷二（1840-1949）》。北京：中国石化出版社，2003 年，第 4-6 页。

后很长一段时间，"中国贫油"的理论一直印刻在人们心中，影响和制约着社会各界对中国石油资源的评价和认识。直到20世纪60年代，大庆石油会战发现大庆油田，中国人才打破"中国贫油论"的束缚，并把依赖洋油的历史彻底"甩进了太平洋"。

抗战时期，国民党政府为打破日本帝国主义对中国的港口和海运封锁，也很重视发展石油工业。时任政府资源委员会主任委员翁文灏[①]积极组织勘探和开发中国内陆地区的石油资源，先后对四川、甘肃、新疆等地的石油储量进行勘测，重点对甘肃玉门油田进行了开发。抗战期间，上述地区共钻井61口，开采原油近40000吨（不含四川），为中国石油工业的发展奠定了基础。这期间，政府资源委员会、甘肃油矿局还选派严爽[②]、孙健初[③]、翁心源[④]、董蔚翘[⑤]、熊尚元[⑥]等技术人员赴美国学习石油开采、加工和炼制技术。这一时期，中国共产党在陕北革命根据地以中国大陆发现和开发最早的天然油矿——延长油矿为主阵地，积极发展石油工业，并从抗日大局出发积极支援国民党政府开发玉门油田和新疆石油工业发展。

解放战争时期，各方无暇顾及石油生产；同时，以美国为代表的西方国家大量向中国倾销"洋油"，对中国市场进行垄断控制，使得在抗战时期刚有起色的中国石油工业的发展变得步履维艰。

新中国成立之初，一方面面临着能源短缺的大难题，生产、生活、工

[①] 翁文灏（1889-1971），字咏霓，浙江鄞县（今属宁波）人。清末毕业于比利时罗文大学，是中国历史上第一位地质学博士，中国地质学的奠基人之一，对中国地质学教育、矿产开探、地震研究等多方面有杰出贡献。

[②] 严爽（1895-1962），江苏泰兴人，石油工程专家，我国玉门油矿主要创建者之一。新中国成立后，先后任中央人民政府燃料工业部石油管理总局副局长、石油工业部地质勘探司副司长。

[③] 孙健初（1897-1952），河南濮阳人，石油地质学家。探明并开发了玉门油矿，建成中国第一个石油工业基地，培养了中国第一批石油地质人才，是中国石油地质的奠基人之一。

[④] 翁心源（1912-1970），浙江宁波鄞县人，是地质学家翁文灏的长子，石油储运工程专家。我国学习和掌握石油管道运输技术的第一人，主持设计和建设了我国第一条输油管线和油库系列，有"中国输油第一人"之称。

[⑤] 董蔚翘（1901-1981），生于辽宁黑山县，字子敬。国立东北大学矿业系毕业，是中国石油工业早期的拓荒者，属于钻井工程领域最早的专业技术人员。

[⑥] 熊尚元（1911-不详），四川万县人。20世纪30年代毕业于清华大学化学系，我国炼油工业的开拓者之一，海峡两岸石油界公认的炼油专家。

业建设等方方面面都需要石油资源，仅有的玉门油田、延长油矿的石油产量根本不能适应国民经济建设快速发展的需要；另一方面在思想上又受制于长期以来形成的"中国贫油"理论的束缚，一筹莫展。1950年4月，燃料工业部在北京召开第一次全国石油工作会议，在分析了当时的石油生产状况后确立了发展石油工业的基本方针——在三年内恢复已有的基础，发挥现有设备的效能，提高产量，有步骤、有重点地进行勘探与建设工作，以适应国防、交通、工业与民生的需要。会议还决定在燃料工业部成立石油管理总局，由徐今强[1]任代局长，统一管理石油工业的勘探、开发和生产建设工作，逐步把最初分别由有关地区的工业部门管理的石油企业集中起来统一管理[2]。

地球物理勘探，简称物探，是用于寻找石油、铁矿、煤田、有色金属矿等矿产资源的重要技术手段。作为地球物理学的一个重要分支，它主要运用物理学原理、方法和观测技术，以地球为主要调查研究对象，通过大范围、多参量、高精度探测和多学科（地质、地球物理、地球化学）综合研究，快速提供大量地下浅部至深部待测目标物信息，并做出定性、定量的科学论断[3]。1930年，李四光[4]在《地质评论》发表《扭转天平之理论》一文，详细介绍了扭秤用于地质勘探的基本原理及其局限性。这篇国人介绍物探方法的最早文献被认为是地球物理勘探传入中国的标志性事件。

新中国成立初期，国家在地球物理勘探方面的人才十分匮乏。为弥补这一人才不足的缺憾，此前在国民政府中央研究院、地质调查所、各高校以及矿业部门任职的地球物理工作者纷纷行动起来，着手组建物探队伍，开办物探学校和培训班，培养物探技术人员。自1949年冬东北工

---

[1] 徐今强（1914-1976），浙江宁波人。曾任燃料工业部石油管理总局代局长，石油工业部部长助理，石油工业部副部长兼大庆油田工委书记、总指挥，化学工业部代理党委书记、代理部长，燃料化学工业部副部长，煤炭工业部部长等职。

[2] 曾宪章，周润东，孙志芳：《中国石油通史卷三》。北京：中国石化出版社，2003年，第2-3页。

[3] 夏国志，许宝文，陈云升，等：《二十世纪中国物探（1930—2000）》。北京：地质出版社，2004年，第1页。

[4] 李四光（1889-1971），蒙古族，湖北黄冈人，地质学家、教育家、音乐家和社会活动家，是中国地质力学的创立者，中国现代地球科学和地质工作的主要领导人和奠基人之一。

业部地质调查所率先组织物探训练班始，又陆续举办了南京矿专物探专修班、石油物探培训班等各种短期的物探技术培训班。从长远考虑，还创办了东北地质学院、北京地质学院，开设相关专业培养地球物理探矿人才。

1952年夏，在顾功叙[①]等人的建议下，国家从当年大学物理系毕业生中选取一部分人，分配到石油和地质部门从事物探工作。1952年10月，地质部与石油管理总局在北京秦老胡同共同举办了地球物理探矿训练班，对当时刚接收的毕业于清华大学、北京大学、南京大学、复旦大学、同济大学、山东大学、中山大学、云南大学、燕京大学、东吴大学等高校的80余名物理系毕业生进行了为期一个多月的培训，李庆忠便是其中一员。他们后来大多成长为中国石油工业领域在地球物理勘探、仪器制造和教育培训等岗位上的核心力量。

李庆忠大学时代学的是物理学，大部分课程为热力学、光学、声学等内容，此前从未接触过地球物理探矿方面的知识。面对这一全新的知识领域，他学得更加刻苦认真，时至今天他依然珍藏着当时培训的笔记本。谈起当初授课的几位专家，李庆忠依然流露出难掩的激动与兴奋："我们大学的物理知识还是比较宽泛，而这些知识是真正用在勘探当中的，很管用，等于是给我们普及物探知识了。"[②]

结束了地球物理探矿训练班的学习之后，李庆忠和另外3名学员（黄洪泽、曾德钊和梁绍全）又参加了在北京大学举办的俄文速成班。因为当时新中国建设的许多领域都需要苏联专家的援助，石油工业便是其一，于是俄文就成了很有必要学习的语言之一。对于俄语学习，李庆忠是零基础，但当时的授课老师却夸下海口说："搞专业的一个月后拿着字典就可以翻译专业文章。"尽管李庆忠等人对这种说法持怀疑态度，但他还是很认真地按照老师的讲解去学习。任课老师让他们采用循环记忆法进行学习，每天背100个生字，而且做成卡片，一面是俄文，另一面是中文，记不住

---

① 顾功叙（1908—1992），浙江嘉善人，地球物理学家。主要从事物探和地震监测预报研究，是我国物探研究和队伍建设的奠基人之一。

② 李庆忠访谈，2014年9月19日，青岛。资料存于采集工程数据库。

的就反复练习，直到记住为止。第二天，学习新的生字之前先检查一遍昨天的，记不住的作为"顽固字"列出来，反复背诵，直至全部消灭。一个月下来，李庆忠熟练掌握了3000个生字，正是这3000个常用字为他日后奔赴新疆与苏联方面的石油工程师顺利对接奠定了语言基础。

经过一个多月的俄文学习，李庆忠被安排去给一个炼油班教俄文，他依然采用自己学习时的循环记忆法教学，一个月下来，炼油班的学员竟然也可以翻译专业书籍了。

一个多月的地球物理勘探学习，一个月的俄文培训，再加上两个月当俄文老师的经历，使李庆忠不仅具备了地球物理勘探的专业技能，还掌握了一门与苏联专家沟通交流的外语，这些都成为他日后在石油物探领域进步发展的知识基础。

图2-5 1953年春，北京秦老胡同翻译室部分成员合影

1953年3月，李庆忠被分配到设在新疆的中苏石油公司地质调查处，与他同去的还有在俄文速成班的同学黄洪泽、曾德钊和梁绍全。西北边陲，大漠戈壁，狂风黄沙，在这片广袤无垠的土地上，李庆忠开启了为祖国找石油的拼搏奋斗之路。

第三章
西北历练

在 1950 年第一次全国石油工作会议精神的指引下，历经 3 年发展建设，截至 1952 年年底，中国原油年产量已达 43.5 万吨，是 1949 年的 3.6 倍。1953 年，中国开始实施发展国民经济的第一个五年计划，其中明确提出了"大力勘探天然石油的资源，同时发展人造石油，长期地积极地努力发展石油工业"的要求。根据当时的工作部署，石油勘探首先在我国西北地区展开，而幅员辽阔、地大物博的新疆地区便成为主要勘探地之一。

新疆富含石油资源，20 世纪之前，新疆地区的石油开采和生产多以土法淘取、提炼，不成规模且获利甚微。进入 20 世纪，为抵制"洋油"入侵，1909 年新疆布政司王树楠[①]与当地官员一起筹措 30 万两白银购进了俄国挖油机、小型提油机、制烛机等石油开采和冶炼设备，并聘请俄国工匠在独山子一带挖掘近代以来新疆的第一口油井。《新疆图志·实业二》中记载了当时油井挖掘的场景："深至七、八丈，井内声如波涛，油气蒸腾，直涌而出""以火燃之，焰高数丈"，这被称为新疆近代石油工业发展的萌芽。此后，新疆的石油工业发展断断续续，伴随着中国时局的动荡，一直

---

① 王树楠（1851-1936），字晋卿，生于今河北省高碑店，中国近代著名边吏。一生致力于中国西部开发，积极促进社会近代化，引进推广先进技术机器设备，推动新疆近代第一次开发建设高潮。

在曲折坎坷中前进。到了1949年9月新疆和平解放以及随后的新中国成立，才使新疆的石油工业迎来了大放异彩的新纪元。

1950—1954年，中国政府和苏联政府按照平权合股的原则，在新疆创办中苏石油股份公司，这不仅是新疆石油工业第三次利用外资，也是新中国成立后创建的首批中外合资企业之一，还是新中国第一家中外合资的石油企业，对中国国民经济发展以及石油工业进步具有里程碑意义。中苏石油股份公司创建后，在苏联专家的指导与帮扶下，不仅很快恢复了独山子油矿的生产，而且新疆的石油工业在资源勘探、原油开采、炼油加工、基本建设以及后勤保障、生活服务等多个方面都取得了突破性进展。1953年春，李庆忠等人抵达新疆的时候正值扩大范围、全疆开展石油地质大调查的重要时刻。

在乌鲁木齐的日子

图 3-1　1954年，李庆忠在乌鲁木齐明园

1953年3月，李庆忠4人前往新疆的时候，当年横行西北地区的乌斯满匪帮的残余势力尚存，时不时地出来骚扰百姓，同新生的人民政权作对。星星峡①作为新疆和甘肃的分界线，是进出新疆的重要隘口，当地四面环山、峭壁耸立，大有"一夫当关，万夫莫开"之势，乌斯满匪帮的残余势力经常在此凭借天险抢劫过往车辆和行人。当时兰新铁路尚在建设之中，去往新疆只能乘坐汽车。为了确保安全，当地政府规定每次必须凑够10辆车以上才能出发，而且

---

① 星星峡，东天山山系余脉星星山的一个峡谷，旧称磴口，在哈密市东南，邻接新疆与甘肃省界。

最前面由解放军拿着冲锋枪、机关枪开道，其他车辆一字排开紧随其后。赶路的时间也严格限定在上午9点到下午3点，遇到过早过晚皆不得通行之时，行人只能找一家大车店住下，第二天再启程。就这样一路走走停停，李庆忠等人历时一星期才从兰州抵达乌鲁木齐。

抵达乌鲁木齐后，李庆忠等立刻前往中苏石油股份公司总部所在地明园报到。

李庆忠的妻子梁枫①是1952年3月抵达中苏石油股份公司地调处的，正好比李庆忠早到一年。她在个人传记《足迹》中记录了初到明园时映入眼帘的优美景象：

> 明园是一座幽静的花园，道路两旁（是）一排排高大的白杨树，园内有各种图案的小花园，圆形的、方形的。我们到那里正是初春，青草返绿，鲜花含苞待放，空气很清新，方圆几百米，有一座西式洋房坐落在明园中央。园后边有一条小河流过，河边筑了两米高的堤坝，坝上可以行人，两旁种有柳树。洋房前面是一个露天电影场，旁边有几个好看的路灯，环境极为优雅。
>
> 东侧有一排平房，大概是原来园林管理人员居住的地方。西侧有一栋地下室，室内约有10间房子。我们地调处就设在地下室里，职工住在东侧的平房里。别墅内一部分暂住苏联专家，一部分暂设为食堂……
>
> 春天的明园鲜花盛开，风吹动杨树……沙沙作响，我早上很早起床，走到河坝上，那里很安静，只有鸟儿叫及潺潺的流水声。②

1953年1月，梁枫又记录了明园与她初到时的不同和变化，而这时的情景应该是最接近李庆忠抵达时的明园的：

---

① 梁枫（1932-），广西人，李庆忠妻子。1952年3月调任中苏石油股份公司地调处工作，曾任新疆石油管理局地调处磁力队队长，1956年4月与李庆忠在新疆结婚，现为中国石油天然气集团东方地球物理公司退休职工。

② 梁枫：足迹。1984年，未刊稿。资料存于采集工程数据库。

南疆所有的勘探队员全部回到了乌鲁木齐，离开了八个月，明园内外变化可真太大了。在我们原来玩耍的那块空地上已盖好了中苏石油公司经理部大楼，还盖好了俱乐部、地调处办公大楼、职工食堂、职工宿舍楼等共约十来栋浅黄色的新楼房。这片空地已被成片的新楼所代替。明园内也盖好了几栋宿舍楼，原来的平房已经无影无踪了，还有球场、露天电影院、溜冰场等也均已建好。其中有三栋楼房住上了各个专业的苏联专家及家属，三栋楼房属于中方的干部和家属，还有一栋单身职工楼，管理员把我们安排在单身楼内的女宿舍里。无论是中苏住家都配有成套的家具，单身职工宿舍里也配有钢丝床、衣橱、圆桌、椅子，等等。

明园以往幽静的环境已一去不重返了，现今是楼房林立，人也不少。但在园林中衬托着一栋栋新的楼房，仍不失去其美丽的景致，特别是在晚上，透过各家各户不同颜色的窗帘映出红、黄、蓝、绿的灯光，更显得绚丽多彩。每当我漫步在明园内看到这样的夜景，多少有点心旷神怡！

各野外队都在新建的地调大楼办公。进入地调大楼，两旁挂满了各式各样的毛料、毛皮、呢子大衣，满楼香喷喷的，因为每个苏联专家都用香水。[1]

抵达明园后，接待李庆忠他们的是中苏石油股份公司地质调查处的苏方处长巴格良（按照两国政府达成的协定，为尽快培养中方干部特别是技术型干部，中苏石油股份公司各级领导岗位正职均由苏方担任，副职为中方人员。3年后，正副职更换）。李庆忠至今对他印象深刻："总是一副喝醉酒的样子，酒糟鼻子，人凶得很，苏联专家都害怕他。"[2] 当巴格良问李庆忠等人是否懂地球物理知识时，李庆忠就把自己在秦老胡同培训时的笔记给他看，巴格良一看上面密密麻麻、整整齐齐地写着各种公式，就称赞他们了不起、不简单，让他们4个人都当副队长，工资每个月300多块钱。

---

[1] 梁枫：足迹。1984年，未刊稿。资料存于采集工程数据库。
[2] 李庆忠访谈，2014年9月19日，青岛。资料存于采集工程数据库。

李庆忠一听每月领这么高的工资，就说自己刚参加工作，应该少拿点，在场的苏联女秘书告诉他"工资高说明你对国家的贡献大"。但由于李庆忠的一再坚持，最后只好给他降了一级工资。就这样，李庆忠成为地调处准噶尔地球物理大队第9/53重力探勘队的副队长，主要从事重力测量工作。

当时地调处组建了多支地质队、测量队和物探队（地震、电法、重力、磁力）开展石油普查，李庆忠所属的重力队只是其中之一。所谓重力测量，就是测万有引力或者测重力加速度。如果地底下有一个隆起的构造，往往隆起的构造地层年代老、密度大，它产生的重力、引力就大一点，这就叫重力异常。可以根据重力异常来推算石油的大概埋藏深度及容量。寻找盐丘是重力勘探的最有效手段之一，盐岩在地下经过多年的作用与变化，可以把上面的地层拱起来形成盐丘，拱起的构造里就可以用来储油。

根据中苏石油股份公司的工作安排，当时的勘探范围主要为准噶尔盆地的南部和西北地区、库车地区、喀什地区，而李庆忠所在的北疆重力组主要在准噶尔盆地的南缘和西北地区开展重力测量工作，玛纳斯、克拉玛依、乌尔禾、古城子、哈密盆地等都留下了李庆忠和队友们辛勤劳作的足迹与身影。李庆忠所属重力队的队长名叫则可夫，是一个四十岁左右的苏联人，颇有知识分子的气质和涵养，李庆忠用"平易近人、技术上不保守"来形容他。每天开工前，则可夫会把队员们组织起来讲5分钟的话，有时候是分配一天的测量任务，有时候是总结分析昨天的工作，还有时候是直接向队员提问，与大家一起探讨专业问题。李庆忠因为具备俄语的语言基础，在和苏联专家交流方面毫无障碍，加上他勤学好问、善于动脑筋思考问题，很快便在则可夫的指导与帮助下掌握了重磁力测量的要领和方法，还学会了修理重力仪。因为重力仪外形很像上海人使用的马桶，他又是上海人，队员们私下里给李庆忠起了一个"马桶专家"的绰号，苏联专家也经常夸奖他是"第一聪明的人"。

李庆忠从事的野外测量工作十分辛苦，大部分工作地点在新疆的荒漠戈壁、崇山峻岭之中，此外还时常伴随着当地昼夜温差大、狂风黄沙、雨雪天气和野狼的侵袭等危险。

当时的新疆交通不是很发达，上级给李庆忠所在的重力探勘队配备的

图 3-2　1954 年，李庆忠获中苏石油股份公司劳动模范证书

是苏联产的"嘎斯 51""嘎斯 63"型汽车，又老又破，经常抛锚，这让身为副队长的李庆忠很是头疼。除了害怕车辆出故障，还要担心误车。他们测量范围内有一些地方是部队上的农垦区，解放军战士在那儿开荒、种地、浇水、施肥。有时候浇完水后，水流得到处都是，汽车开过去就陷进泥潭、动弹不得，这时候他们只能"当团长"。所谓"当团长"，就是在野外工作回不去的情况下就地缩成一团，露宿田间地头或者荒山野岭。夏季，水草丰茂的地方蚊子特别多，用手拍打根本来不及，只好将衣服脱下来把头套上、把脚裹上，等待天亮。现在回忆起来，李庆忠说："那样的夜晚真不好熬。"天亮之后，他们再找附近的老乡或者农垦部队用牛或者拖拉机帮着把车拖出来。"碰到这种情况是最伤脑筋的，但也没办法。"

令他头疼的不仅有车辆问题，还有队伍的管理。一个重力队 50 多人，其中大部分工人都是临时工，工作积极性不高，纪律性差，经常喝酒闹事、打架，李庆忠时常接到派出所打来的电话，让他去派出所领人。身为副队长的他不仅要组织队员开展专业重力勘探，还要面对这些纷繁芜杂、琐碎分神的突发状况。

在野外工作，与上级主管部门和兄弟单位的联络很重要，为此，地调处给他们配备了一名报务员，负责用电报与有关单位进行联系。此外，还给他们队上配备了一名解放军战士，负责他们的安全保卫工作。有一次，李庆忠带领工人在乌伦古河附近的滴水泉进行测量工作，因为滴水泉是方圆几十千米内唯一的水源，不管是人类还是动物都在此饮水。当厨师在帐篷里做饭的时候，突然一只狼闯了进来，情急之下，厨师拿起擀面杖把狼打死了。大家以为只是虚惊一场，也就没放在心上。等到夜幕降临，帐篷周围传来了狼群的嚎叫声，狼的眼睛像手电筒一样在漆黑的夜里发亮，令人胆战心惊。负责保卫的解放军战士连开数枪吓退了狼群，不一会儿它们又回来了。后来，队员们点起篝火才把狼群吓跑。天亮后，他们赶紧搬离了滴水泉，寻找新的宿营地。同样的危险也出现在沙漠。在沙漠开展勘探，往往是汽车把人和仪器送到沙漠边缘，队员抬着仪器进入沙漠，傍晚的时候汽车再来接他们。有一次，李庆忠和同事在沙漠里迷了路，又赶上阴天，白天没有太阳，晚上也看不到星星和月亮，李庆忠带领队员走了很久也没有走出沙漠，劳累伴随着口渴和饥饿，焦躁不安的情绪开始在队员中蔓延，甚至有人开始埋怨李庆忠带错了路。李庆忠一边安抚大家的急躁情绪，一边冷静地带领大家继续寻找出去的路。经过一番兜兜转转，他们抵达了一条河流沿岸，河水湍急，放眼望去也就三四米的水深，可是竹竿插下去探不到底，大家也不敢冒险渡河。不过找到了水源，大家终不会被渴死。可是没有吃的也很难熬，当时队上带了一条狗，只好忍痛把狗杀了，大家分食狗肉果腹。天亮后，又向南退了几十千米找到了公路，最终与前来接应他们的队伍碰头，脱离了险境。回忆起这段艰险的经历，李庆忠说幸亏他们及时找到了水源，有水源、有吃的就不会乱了阵脚，大家齐心协力就能找到来时的路。

在那艰苦的岁月里，为了实现早日为祖国找到石油的愿望，许多像李庆忠一样的年轻人远离家乡和亲人，不畏艰险，勇于奉献自己的青春、力量和智慧，甚至有人献出了自己宝贵的生命。

1958年9月25日，杨虎城将军的女儿、地质勘探队队长杨拯陆和队员张广智在中蒙边界的三塘湖盆地进行石油地质勘探时，天降大雨，全身湿透，不久又下起了大雪，饥寒交迫的二人在野外迷了路，直至夜幕降临也未能回到营地。队友们四处寻找也未见踪影。第二天清晨，人们发现杨拯陆和张广智冻死在冰天雪地中，在她的怀里还有当天新绘的地质图。就这样，他们把自己年轻的生命献给了挚爱的石油勘探事业。此外，还有电法勘探队队长陈介平。1958年7月,他在塔里木河附近工作时与队友走散,不幸遇难。一周后,当人们找到他的遗体时,已经被野狼咬得惨不忍睹,随身携带的行军水壶丢在一边,里面空空的,已经没有一滴水……

那几年,尽管居无定所,甚至吃不上饭、喝不上水,但因为心中始终怀着建设新中国、为祖国和人民找石油的坚定信念与崇高理想,所以李庆忠并没有觉得苦。每当回忆起这些大漠儿女为祖国找石油所付出的沉重代价时,李庆忠常说:"和他们相比,我吃点苦不算啥。"

以苦为乐写青春

在新疆期间,尽管工作生活条件很艰苦,但是李庆忠和来自五湖四海的广大石油勘探队员仍然以苦为乐写青春,他们虽然物质生活贫乏,但是精神生活却很充裕。历经春、夏、秋三季的野外勘探与忙碌,及至冬天来临,李庆忠和队员们都会集在乌鲁木齐明园地调处的办公大楼里整理资料,这被他们称为"冬训"。地质调查处的同事们围坐在一起,汇总分析数据、撰写报告、开展答辩等,既有中国人,也有苏联的工程师,大家相处得十分融洽,而且热情高涨。休息时间,他们就一起滑冰,还举办联欢会。晚上下班后,他们坐在苏联造的"嘎斯51"型敞篷车里唱着《新疆是个好地方》《康定情歌》《歌唱二郎山》《歌唱祖国》等歌曲。尽管外面是零下30摄氏度的严寒,但是他们热情高涨,一路在欢歌笑语中抵达设在南梁(新疆学院对面,距离明园约四五千米)的宿舍。抵达宿舍后,他们还有专业学习任务,不仅学习物探、地质知识,还要补习物理、数学等内容,李庆忠和黄洪泽、梁绍全、曾德钊经常给广大同事讲解石油地球物理勘探方面的业务知识并指导大家做作业。

这期间除学习业务知识以外,李庆忠和广大队友还开展政治学习,每晚一小时,主要是学习毛主席讲话和其他政治类文章。每到周六都会召开全体团员大会,大家分别谈谈自己的学习心得,并进行批评和自我批评,彼此坦诚相待、不留情面。有意见、有看法都摆在桌面上，会议结束后大家依然是好同事、好朋友。

在工作和生活中李庆忠爱学习、勤钻研、乐于助人的风格逐渐赢得了大家的好评，加之又是为数不多的全国知名大学的学生，李庆忠开始受到许多女勘探队员的青睐和爱慕，磁力队女队员梁枫便是其一。

图 3-3　1956 年的梁枫

1953 年春，梁枫第一次见到刚参加工作的李庆忠：

> 有一天，教室里来了四个正牌大学生，我记得很清楚，一个个子很高，戴一副眼镜，他自我介绍叫黄洪泽；另一个中等个，也戴一副眼镜，叫李庆忠。还有两个个子不高，戴眼镜的叫梁绍全，不戴眼镜的叫曾德钊。四个人三个戴眼镜，进教室时个子一个比一个低，引得我们哄堂大笑。他们是大学毕业后到石油部集中学习了一段时间的地球物理专业，然后从北京分到新疆来搞物探工作。后来他们四人给我们讲了几堂课。那个叫李庆忠的，我对他有较深的印象。①

怀着初次见面的美好印象，在日常的工作中梁枫和李庆忠偶有接触。在梁枫看来，李庆忠虽然有一些书呆子气，但是他有学识、爱钻研，又乐于助人、待人很热情。所以，经过一段时间的接触之后，两人走到了一起。1956 年 4 月，李庆忠和梁枫办理了结婚证书，单位给他们重新分配了结婚用的宿舍。在举行婚礼前，梁枫还特意给未曾谋面的公婆以及自己的父母分别写了一封信告知这一重大喜讯，信中对李庆忠的为人、品行都做了详细描述。

---

① 梁枫：足迹。1984 年，未刊稿。资料存于采集工程数据库。

第三章　西北历练　43

写给李庆忠父母的信

亲爱的爸爸、妈妈：

让我提前这样称呼你们吧！我和李庆忠快要结婚了，我感谢你们培养了一个这样好的儿子。在工作上，他勤勤恳恳，不断有创新，肯钻研，爱学习，对于新技术总是孜孜不倦地探索与追求。他待人热情、忠厚。我们很相爱，请为我们祝福吧！亲爱的爸爸妈妈，我们今后一定会生活得很幸福的！

给你们寄去一张我的单人照片，请先在照片上认识一下你们的未婚儿媳吧！

祝你们健康、快乐！

梁枫
1956 年 4 月

写给母亲、哥嫂及姐姐的信

亲爱的妈妈、哥嫂、姐姐：

我很快就要结婚了！妈，请你放心，女儿的眼光是不会错的。我认为他在政治上、技术上、品质上都是我理想的人，他是我们的团支书、党员。人家说他是又红又专的，无论是工作和待人都挺好！学问比我高，在工作上能帮助我提高专业水平，我们互相很要好！此刻，我心中充满着幸福！

请你们在我结婚的那天，按家里的习惯杀一只鸡，大家吃上一顿饭为我们祝贺一下！

祝健康、愉快！

阿明　于新疆乌鲁木齐明园
1956 年 4 月

1956 年 4 月 28 日晚，他们在单位举行了婚礼，地调处领导、苏联专家和广大同事都为他们献上美好的祝福。至此，在新疆历经三年的锻炼，李庆忠不仅熟练掌握了地球物理勘探的专业技能，赢得了广大队友的钦佩,也收获了自己的爱情、组建了家庭。1957年3月16日,他们的第一个孩子李斌诞生了,因为孩子比较瘦小,周围的同事都叫他"小豆子"。因为夫妇俩工作都很忙,有时还要出野外,孩子5个月大的时候被送到上海,由爷爷、奶奶抚养。

除业务工作以外,李庆忠在新疆期间还一直在地调处从事共青团的工作。先是于1953年12月担任中苏石油股份公司地调处的团支部书记(那时整个地调处只有一个支部)。1954年12月31日,中苏石油股份公司改为新疆石油公司后,李庆忠担任地调处团总支副书记。作为一名团干部,他不但带领广大团员积极开展各项工作,帮扶青年团员不断进步,还主动深入群众,在春节等重要时间节点带领广大团员进入农村与百姓进行联欢,赢得了大家的一致好评。李庆忠当年的同事何强在1958年撰写的证明材料中这样评价他:

图3-4　1962年,李庆忠夫妇与长子李斌合影

> 他对团总支的工作抓得很紧,对各个支部的工作也抓得很紧,尤其是经常督促我们支部搞一些宣传工作、搞壁报。概括地讲,他在同志中享有很高的威信,这主要是他很热心社会工作、原则性强、乐意帮助同志,并且在业务方面也有些独到之处。总之,他被大家公认为是一个好党员,是大家的榜样。①

---

① 何强:李庆忠证明材料,1958年2月9日。存于中石油东方地球物理公司。

此外，李庆忠还是一个十分勤俭朴实的人，他的同事刘治蕃依然记得这样一则趣事。有一段时间，刘治蕃帮着李庆忠绘图，给他当助手。当时纸张匮乏，绘图之后要把多余的空白地方裁掉，李庆忠就把裁掉的那些大块纸张积攒下来，留作别的用途。有一次刘治蕃不小心把一张大块的纸掉在了地上并且一脚踩了上去，正好被李庆忠看见了："你看，你一脚就把它否定了。"直至今天，谈起李庆忠的认真和节俭，刘治蕃依然记得这个细节，他说："这句话我记得太清楚了，当时我就觉得很不好意思，从那之后就把这些纸收集起来订在一起做草稿纸用。"①

克拉玛依见油流

在新中国石油工业发展史上，1955年10月29日是一个被着重记录的日子。这一天，位于克拉玛依的克1井完钻获得工业油流，克1井的出油被认为是一个里程碑式的大事件，标志着新中国成立以来的第一个大油田克拉玛依油田被发现。克拉玛依油田的发现不仅打开了准噶尔盆地北缘找油的新局面，也使得许许多多像李庆忠这样的有志之士、青年知识分子从四面八方会聚到这片土地的辛勤付出终于有了收获，那汩汩而出的油流是对他们的最好赞美与歌颂，他们用青春、热血、汗水乃至生命谱写了新中国石油工业发展的赞歌。

克拉玛依是一座以石油命名的城市，"克拉玛依"四个字在维吾尔语中是"黑油"的意思，该市的得名就源于市区东北角一座天然的沥青丘——黑油山。

黑油山位于准噶尔盆地的西北部、克拉玛依市东北角2千米处，因原油常年自然外流与周围的砂石、土壤混杂固化而成为沥青后堆积成山，山丘高出戈壁约50米，山顶面积约15平方米，东西向5千米，南北宽1千

---

① 刘治蕃访谈，2015年5月13日，乌鲁木齐。资料存于采集工程数据库。

米。在数十个沥青山丘中，最高的一个丘高 13 米，面积为 0.2 平方千米。山体顶部有多个数百万年来不断冒着油气泡的油池，犹如一股股黑色的泉水，四季流淌，从山顶溢流至山坡，永不停歇。黑油山的油质十分黏稠，色泽黝黑发亮，是十分珍贵的低凝油，凝固点可低至零下 70 摄氏度。

黑油山地区石油资源的勘探可以追溯至清朝光绪三十一年（1905 年），沙皇俄国地质学家奥布鲁切夫先后围绕新疆及其西部地区开展了 4 次考察，留下了 3000 多页的调查笔记，并著有《边缘准噶尔》一书。他还绘制了 1∶500000 的地质图，对黑油山地区的油苗和沥青丘、乌尔禾的沥青脉和油砂进行了记述，并将准噶尔盆地的西北部列为石油资源丰富地区。

图 3-5　新疆克拉玛依油田（2015 年，赵海磊摄）

我国著名地质学家翁文灏在 1919 年出版的《中国矿产志略》中记述了黑油山的石油资源："小地名黑油山，距省城六百八十里，昔发现油泉甚多，现存者仅九泉，以山顶一泉为最大，油沫约厚四五分……合计旺时可取油二百数十斤。质地色黑，土人私采。"文中提到的"土人私采"，当地关于赛里木老人的传说便是最好的证明。20 世纪初，有一位叫赛里木的维吾尔族人经过这里时发现了黑油山上流淌的黑油，便在附近建了一个"土

第三章　西北历练

窝子"住了下来,每天把采集到的石油装在两个大葫芦里运到乌苏等地,卖给当地过往的客商用来润滑车轴,或卖给牧民用来点灯,以此换取必要的生活用品。斗转星移,时光飞逝,赛里木竟然凭借在黑油山捞油生活了40年。

新中国成立后,党和政府组建了中苏石油股份公司,开展了对黑油山地区的石油勘探工作。1951年春,苏联专家莫依先科带领地质队进驻黑油山,经过勘测,他认为"在黑油山地区有大量天然气出现,说明其下可能存在着工业油藏",并建议进行钻探,提供了4个井位。1952年3月,苏联专家捷列肯带队在黑油山地区沥青丘附近钻探了4口浅井,捷列肯也对克拉玛依地区的工业油藏给予了肯定,并建议今后勘探的重点应向构造的东南方向发展。但是,也有一部分苏联专家认为"黑油山大部分含油层出露于地面,形成沥青丘,表示地下原油已经大量流失,地底下不可能含有大规模的石油储藏区,毫无开发价值可言,也就不必再在黑油山地区开展大规模的地球物理勘探工作"。

尽管内部有争论,但是在1953—1955年,中苏石油股份公司地调处还是对以黑油山为核心的克拉玛依地区开展了详细的地质及物探调查。

1953年3月抵达新疆后,李庆忠和重力队的队友们通过重力勘探查明了准噶尔盆地的地质构造。他们绘制的重力异常图清晰地反映出在盆地的西北缘克拉玛依地区有一个明显的向东南倾斜的区域性单斜形态,中间重力密集线带明显地指出了克拉玛依-乌尔禾大断裂带的存在位置以及几个断裂带的分叉,这些后来都被探井所证实。

在李庆忠开展重力勘探的同时,由苏联专家乌瓦洛夫和中方地质师张恺[①]等人组成的地质队前往准噶尔盆地的西北缘黑油山至乌尔禾一带进行1:100000的地质普查。据张恺在其回忆性文章《首任处长》中记述的内容,当时的具体普查范围为:

西起前山涝坝,东到乌尔禾,北到扎依尔山、克勒山和哈拉阿拉

[①] 张恺(1929-),河北沧州人。1952年冬毕业于北京地质学院石油地质系,1953年春到新疆中苏石油股份公司工作。曾任克拉玛依矿务局副总地质师、新疆石油管理局总地质师等职。

特山，南到中拐、小拐的玛纳斯河和玛纳斯湖。此外，还在更大范围地区部署了重力队、磁力队、地震队和电法队，除克拉玛依－乌尔禾地区外，包括沙湾、小拐、中拐、炮台、和什托洛盖地区，把盆地南缘和中部、西北缘连接起来，以期综合研究盆地中西部从南到北的整体结构和石油地质情况，结合黑油山－乌尔禾的石油普查结果，对该地区做出正确评价。①

乌瓦洛夫和张恺等组成的地质队经过近半年多的调查，加上对其他勘探队提供的地球物理勘探资料的综合分析，于1954年秋，基本摸清了克拉玛依－乌尔禾地区和准噶尔盆地中西部的全貌，并得出如下结论：

盆地南缘属于天山山前坳陷带，地层厚度大，构造运动强烈，地貌条件差，而盆地中部、西北部属于稳定的地台区。克拉玛依－乌尔禾地区属于地台边缘，其特点是地层沉积薄、地层沉积间断多、不整合多、构造变形平缓，是盆地边缘的隆起地区，是盆地山前坳陷带和盆地中部油气源长期运移指向地区。黑油山－乌尔禾地区大面积活油苗、沥青砂岩、沥青丘和沥青脉的分布就证明了这一点。此外，与南缘山前地区相比，地形平坦，施工条件好。②

鉴于上述调查结果，乌瓦洛夫提出了油气勘探应该由天山山前坳陷带走向地台区，要打破以往找油围着山前坳陷转的传统。他还做了一个形象的比喻：如果独山子（山前地区）是一个油杯的话，那么克拉玛依－乌尔禾地区（地台区）就是油海。

当时，在中苏石油股份公司内部以苏联专家捷耶列夫为代表的另一方坚持认为克拉玛依－乌尔禾地区是个大单斜，稠油及沥青长期暴露地表，

---

① 新疆石油管理局地质调查处：《风雨勘探五十年（上卷）》。香港：香港中华儿女出版社，2001年，第53页。
② 新疆石油管理局地质调查处：《风雨勘探五十年（上卷）》。香港：香港中华儿女出版社，2001年，第55页。

油气早已漏失，不会有很大的希望；而南缘构造成带状分布，乌苏独山子已经有了一个小油田，找油比较现实。在两方争执难解难分的时候，1954年年底，燃料工业部聘请苏联专家莫西也夫到北京介绍苏联坚持上地台区找油、发现乌拉尔山西侧的恩巴大油田（号称"第二巴库"）的先进经验。李庆忠受地调处指派前往北京参加会议，聆听了莫西也夫的报告。凑巧的是，那段时间黄洪泽所在的地震队又在黑油山附近发现了一个小型的南黑油山潜伏隆起构造，更加坚定了大家从"主攻山前"转为"走向地台"找油的信心。

图 3-6 1955 年，李庆忠（二排右六）与中苏石油公司同事欢送苏联专家回国合影

自 1955 年 1 月 1 日起，中苏石油股份公司全部移交给新疆石油公司（后改为新疆石油管理局）管理经营。新上任的公司总经理张文彬[①]组织召开了黑油山地质调查专题汇报会，认真听取了各方意见，认为"走向地台"的观点只要有 1% 的希望，就要付出 100% 的努力。会后，新疆石油公司所属独山子矿务局在乌瓦洛夫和张恺提供的报告基础上编制了《黑油

[①] 张文彬（1919-2013），山西省代县人。1955 年任新疆石油公司总经理，后来还担任过石油工业部党组副书记、副部长。

山地区钻探总体方案》，期望通过在黑油山构造带打探井来搞清当地的石油蕴藏情况。与此同时，1955年1月1日—2月4日，在北京举行的第六次全国石油勘探工作会议批准了这一方案，并决定为探明侏罗系地层的含油气情况以及研究准噶尔盆地西北缘的地质构造，在准噶尔盆地北部黑油山地区获得浅钻补充资料之后再打两口探井，计划进尺2400米。1955年6月15日，独山子矿务局派出36人组成的1219青年钻井队挺进黑油山，钻探1号井。就这样，他们在荒无人烟的黑油山上驻扎下来，凭着胸中激荡着的"安下心、扎下根、不出油、不死心"的找油誓言克服了高温、缺水、风沙、蚊虫、井喷等困难和挑战，最终于1955年10月29日在钻至620米时，黑油山1号井涌出了大油流。"黑油山1号井"出油、黑油山发现新油田的消息不仅登载在《人民日报》上，毛泽东主席也亲自给时任石油工业部部长的李聚奎[①]打电话表示祝贺，此举也打开了准噶尔盆地北缘找油的新局面。

当时只是黑油山局部构造出油，但这是否意味着下面是个大油区，还需要进一步的勘探。1956年1月24日—2月4日，石油工业部在北京召开了第一次石油勘探会议，会议采纳了正在苏联考察的石油工业部部长助理康世恩[②]写来的书面意见——小盆地和构造复杂不易找到大油田，应集中力量在大盆地和地台上展开区域勘探。会议还要求新疆石油公司"加紧黑油山的钻井和试油工作，争取上半年查明黑油山构造的工业价值"。1956年4月19日，为了确定新疆石油勘探的方向，康世恩率领由苏联专家安德列克和勘探司副总地质师陈赉[③]等10多名专家组成的工作组亲临克拉玛依调研，在随后于独山子召开的会议上采纳了苏联专家安德列克等人的建议，依据电法勘探在克拉玛依-乌尔禾大断裂带取得的工作成果——南起

[①] 李聚奎（1904-1995），湖南涟源人。中国人民解放军高级将领，1958年被授予上将军衔。1955年7月30日，第一届全国人民代表大会第二次会议撤销燃料工业部，成立石油工业部，第一任部长为李聚奎。

[②] 康世恩（1915-1995），河北怀安人，我国工业战线杰出的领导人，新中国石油工业和化学工业的开拓者之一。1955年7月-1956年9月任石油工业部部长助理，后来还担任过石油化学工业部部长和国务院副总理。

[③] 陈赉（1914-1966），湖南长沙人，石油地质专家。1953-1956年任石油工业部勘探司第一任副总地质师。

红山嘴、白碱滩，北至百口泉、乌尔禾存在 5 个鼻状隆起，并结合石油工业部的部署，果断决定将准噶尔盆地的勘探重点由盆地的南缘转移至西北缘，采取"撒大网、捞大鱼"的方法部署了 10 条东西钻探大剖面，重点在克拉玛依 - 乌尔禾地区开展石油勘探。一场如火如荼的石油勘探战役在克拉玛依打响了。1956 年 5 月 1 日，新疆黑油山油田正式更名为克拉玛依油田。

1956 年 5 月 11 日，新华社发布消息称：石油工业部负责人宣布，新疆维吾尔自治区的准噶尔盆地的克拉玛依地区，已经证实是一个很有希望的大油田。当年就探明了 55 平方千米的含油面积。克拉玛依油田是新中国成立以来发现的第一个大油田，不仅提振了广大石油工作者继续找油的信心，也增强了国人支援工业建设的热情。当时《人民日报》多次发文呼吁全国人民支援克拉玛依石油工业发展，瞬时间，全国上下形成了在人力、物力、财力上支援克拉玛依石油开发的热潮。在举国上下的关心与支持下，1956 年确定了红山嘴、白碱滩、乌尔禾、百口泉 4 个含油有利区；1958 年 9 月，白碱滩 193 井喷油，日产原油 138 吨；1959 年，探明克拉玛依油田含油面积 200 多平方千米。

图 3-7 克拉玛依市的黑油山纪念碑（2015 年，刘邦华摄）

1982 年 10 月 1 日，克拉玛依市和新疆石油管理局在黑油山的最高点树立了一座高 2.05 米的棱锥状花岗岩石碑，上书"黑油山"三个大字。其后，又陆续修建了通往黑油山的道路、停车场和直达山顶的石阶。黑油山是克拉玛依的源泉和血脉，也是中国石油工业的重要发祥地之一，更是像李庆忠一样的诸多石油地球物理勘探者的青春和成长的见证。

1956—1957 年，李庆忠主要从事重磁力综合研究队的工作。他利用他建立的重力航空基点网重新整理了准噶尔盆地的重力数据资料，完成了全盆地的重力异常图的绘制，编写了《准噶尔盆地重磁力勘探综合研究报告》。报告中对准噶尔盆地的重力场描述得十分清楚，盆地的哪个地方深、哪个地方浅都一目了然，并且几个大断层也标注得非常清楚，甚至连克拉玛依二区、四区的边界断层都能看得出来。该报告得到大家的一致认可，同时也令时任总地球物理师的孟尔盛[①]对李庆忠更加欣赏，为他后来前往大庆参加石油地震勘探会战埋下了伏笔。

勤奋自学成大器

李庆忠对事物、对工作的分析总有自己独到的见解，从不人云亦云，他会结合工作实践进行深入思考，自己悟出其中的新看法和新观点。他平常言语不多，把绝大部分时间花在书堆里，对待同志热而不表，说他不活跃吧，倒也不是，只是自己要求严格，做起社会工作来也十分热心。所以，大家都选他当团支部书记。1956年全国兴起"向科学进军"的新风，团中央也给各级团组织下达了学习任务，号召广大团员积极参与进来。身为团支部书记的李庆忠带领大家制订学习计划、购买各种书籍，开始"向科学进军、向副博士[②]进军"。几乎每个周末李庆忠都会去新华书店买书，物理、数学、天文等各个领域，只要是他没学过的都会买。他是学物理出身，对石油地质不太了解，就主动有意识地加强对构造地质学、地史学、沉积学、地球化学、地球物理学的学习。他的妻子梁枫在《足迹》中记录下了当时周末陪他去书店买书的情景：

[①] 孟尔盛（1921-2007），江苏姜堰市人，应用地球物理专家。松辽会战期间，创造性地将光点记录地震勘探技术应用于松辽盆地，加快了大庆油田的勘探步伐。

[②] 副博士，苏联时代的高等教育学历制度，相当于我国的博士学位。新中国成立以来，根据社会主义建设的需要，我国陆续派遣了一些优秀学生赴苏联和东欧国家留学，攻读副博士学位。1956年在"向科学进军"的号召下，我国也确有不少高等学校曾经招收过副博士研究生，但1年以后即因故停止。目前，世界上不少国家的高等教育体系中仍有副博士这一层次。

每当星期日,我们进城的主要目的是上书店。他求知的兴趣是很广泛的,物理学、地质学、数学、光学、天文学、地球物理学……凡是有关的书籍见了一定要买,甚至30元一本的世界地图也不吝惜(可知道,在50年代初,30元可能是三个人一个月的生活费)。好在我们当时的经济条件不错。每次回家的途中,站在汽车上他就津津有味地阅读起来,旁人说话他也听不见,和他说话也是答非所问。到家了,在我的催促下方才下车。我把提包里满满的书堆在桌上。久而久之,9平方米的房子被书堆满了。我们没有书橱,也没有柜子,为了保持整洁,我只好把书堆放在床底下。①

李庆忠热爱学习,酷爱钻研,经常说:"看书是我最大的休息!各人的乐趣不同,我觉得看书很有乐趣!"他每天着迷于工作和看书学习,对其他事情却很少过问、关心。自己的工资是多少从来不知道,兄弟姐妹生活得怎么样,也很少写信去询问,以至于他的弟弟在信中埋怨哥哥对他太冷

图 3-8 1955 年,李庆忠(后排中)与同事在乌鲁木齐明园合影

① 梁枫:足迹。1984 年,未刊稿。资料存于采集工程数据库。

落。对此,李庆忠的解释是:"在新社会大家都生活得很幸福、很温暖、家家基本大同小异,所以信是没有什么必要多写的!"甚至有人说:"李庆忠架子大,不爱搭理人;李庆忠不关心我们的生活,很少问及我们;他从来不和我们拉家常……"殊不知,李庆忠是希望抓紧一切时间学习和工作,不想把宝贵的时间浪费在闲聊上。即使在他的妻子梁枫怀孕期间,他也没有放下自己挚爱的看书学习。那是一个冬天的夜晚,钟表的指针已经指向凌晨了,李庆忠还伏在桌子上边看边写,丝毫没有困倦之意。梁枫因为长时间怕光,也害怕听到深夜的翻书声,不能入睡,心情很烦躁,就独自一人去外面的雪地里转了一个多小时,回到宿舍以为李庆忠已经休息了,谁曾想他根本没有察觉到梁枫的进出,依然聚精会神地写写画画。梁枫生气地抗议道:"深夜一点多了,你不想睡我还想睡呢!"李庆忠如梦方醒,看看手表,"啊,真的太晚了,真对不起!"赶紧熄灯休息。

夜深人静,即使躺在床上,李庆忠也不会倒头就睡,他的头脑里依然在思考许多疑难问题。他常说,夜深人静的时候把白天没有解决的事情再冷静地思考一番,采用"过电影"的方法,常常得到豁然开朗的新路子。在工作中,由他提出的许多好思路都是在夜深人静的时候想到的。

李庆忠爱学习的这一特点在当年和他一起共事的几位同事那里也可以得到佐证。何平说:"李庆忠这个人最大的特点就是好学、好研究、好钻研。"[1]

> 当然第一次担任综合研究工作,担子是比较重的,他把绝大部分时间花在技术的钻研上了,以至于吃饭、走路都在研究技术,他对工作钻研的劲头是很感动人的。1957年,我们队的主要任务转入了资料的解释阶段,他在一些外文杂志上找到了一些新的解释方法、计算方法,常常给我们讲,讨论各种方法的特点。所以,业务常常是我们谈话的内容。[2]

正如同事何强所描述的那样,李庆忠不但自己勤奋学习,还主动帮助

---

[1] 何平访谈,2015年4月28日,乌鲁木齐。资料存于采集工程数据库。
[2] 1958年2月9日,何强:李庆忠证明材料。存于中石油东方地球物理公司。

同事、队友进步。因为他的外语水平比较好，会阅读一些英文、俄文的书刊，他就把从上面学到的知识介绍给大家，共同提高业务水平。

由于"大跃进"等运动的开展，以及牺牲农业发展工业的政策所导致的全国性的粮食短缺和饥荒，从1959年开始，我国进入了"三年经济困难"时期，粮食开始实行定量配给制。像李庆忠这样的机关干部每月只有28斤的粮食，根本不够吃。新疆不同于江南或者其他平原地区，大部分地区是山地、戈壁滩、沙漠，寸草不生，连树皮、草根、野菜都没得吃，只能忍饥挨饿。为了填饱肚子，李庆忠与妻子梁枫就到人家废弃的菜窖里去捡白菜叶子煮着吃。

有一天，李庆忠与梁枫在床底下偶然发现了一个烤馕，那个馕不知道是哪年掉在床下的（新疆天气干燥，馕并没有坏）。两个人喜出望外，如获至宝。煮一下，美美地饱餐了一顿。

日久天长，李庆忠因为营养不良，得了浮肿病，腿上用手一摁就是一个白坑。他还患上了耳鸣的毛病，整天耳朵里嗡嗡作响，像有个发动机在头脑里彻夜不断地发出声响。白天，他可以把精神集中在工作上，声响还不大；到了晚上却严重影响睡眠。耳鸣的毛病一直伴随他十多年，直到后来参加大庆石油会战时依然不能痊愈。据他的同事刘治蕃回忆，李庆忠刚查出浮肿病的时候，考虑他的身体情况，上级建议他在家休养，不必上班，但是李庆忠依然带病坚持工作。

1959年上半年，李庆忠被派到克拉玛依进行"火烧油层驱油试验"，但试验并不成功。他们在黑油山一口油井里用空压机把乙炔和空气混合，同时输送到井下点火燃烧，但是每次并不能把油层点着，所以不曾达到驱油的效果。下半年他又参加了"放射性勘探试验"，当时测量放射性都是背着仪器在每个点上读数的。李庆忠在乌鲁木齐仪器修理站的协助下研制成车装放射性勘探仪器——将12根盖格-米勒计数器安装在嘎斯车的前方挡板下，测到地面的自然伽马射线，产生的电脉冲经放大后为车上仪器里的电容充电，进而产生不同大小的电压，再用电压表记录读数。这台仪器能够成功地连续测量地表的放射性强度。

随后，李庆忠又被调到乌鲁木齐科研所派驻到克拉玛依矿务局的一个研究小组里工作。在那里，可以收集到第一手资料，他认真地收集了重力及地震的物探资料，翻阅了大量的测井资料，还有油层压力、原油性质及产油量的资料，绘了一幅很大、很精致的克拉玛依地区满是电测曲线的图。1959年，苏联石油部总地质师米尔钦柯考察克拉玛依油田时，在大会上宣称："克-乌大断层并不存在，你们把岩性变化错当成断层来对比，你们犯的是一场断层病。"在当时的情况下，尽管很多中国地震勘探人员不服米尔钦柯的言论，却敢怒不敢言。李庆忠不迷信权威，他和同事赵白主动收集整理各种地震勘探资料，进行分析研究，最终写成了《克-乌断裂带断层分布及发育特点》，用数据和资料证明了"克拉玛依-乌尔禾"大断层的存在，打破了米尔钦柯之前的错误论断。此外，李庆忠还指出了含油高产井分布在大断层附近、各断块之间油层压力系统各有不同的规律及特点。

在地震勘探工作中，把地震波在传播中遇到地层剧烈变化的地方（如断层的断点、断棱，地层尖灭点，不均匀体、侵入体和地下礁的边缘等）所引起的波称为绕射波。1961年年初，一度盛传在克拉玛依的地震勘探中测到了绕射波。消息传到李庆忠的耳边，他赶紧给正在克拉玛依野外开展地震勘探的刘治蕃写信，询问他们测到的绕射波的有关情况。据刘治蕃回忆，当时这一发现在全国石油界引起了不小的轰动，许多知名的专家学者都前来调研、考察，请他们展示观测到的绕射波长成什么样子。后来证明，当时观测到的并不是绕射波，而是在接近断层附近时产生的波动罢了。

就在李庆忠潜心于新疆的石油地球物理勘探事业，孜孜以求地钻研、探索新颖的物探方法和技术的时候，1960年在东北松辽地区一场声势浩大的石油大会战打响了。1961年5月的一天，正在克拉玛依矿区收集资料的李庆忠突然收到了松辽石油勘探指挥部的调令，让他即刻启程参加松辽石油会战。

从1953年3月到1961年5月，八年的光阴一晃而过。八年来，在戈壁滩风雨的吹打中，在野外石油勘探工作的磨砺下，李庆忠由一个初出茅庐的大学生已经成长为新中国石油物探领域一名优秀的技术骨干。来不及与昔日的队友一一道别，来不及再看一眼曾经工作过的地方，也来不及整理自己内心的思绪，在祖国的召唤下，李庆忠和妻子匆匆踏上了开往东北的火车，在那里有更艰巨的任务等着他们。

第四章
鏖战大庆

经过第一个五年计划的恢复性建设，新中国的石油工业取得了一定的成绩，渐渐步入快速发展的良性轨道，但石油产品供不应求的局面依然没有改观。1957年，全国的石油总产量约为145万吨，天然油和人造油的产量基本持平，两者加起来还不足300万吨，以至于当时还产生了"中国的石油工业是依靠天然油，还是人造油"的争论。面对这样的紧迫形势，毛泽东主席提议在第二个五年计划时期加大石油钻探。当时主管石油工业的中共中央总书记兼国务院副总理邓小平分别在1958年2月27日上午和28日上午听取石油工业部负责人工作汇报时指出："石油工业怎样发展，我看人造油是要搞的，并且下决心搞。但中国这样大的国家，当然要靠天然油。"同时，邓小平特别指出："对于松辽、苏北等地的勘探，都可以热心一些，搞出一个初步结果。""在第二个五年计划期间，东北地区能够找出油来，就很好。把钱花在什么地方，是一个很重要的问题。总的来说，第一个问题是选择突击方向，不要十个指头一般平……就经济价值来说，华北和松辽都是一样的，主要看哪个地方先搞出来……石油勘探的战略方针，不能这里那里都搞一下，总要有个轻重缓急。"

两位国家领导人从战略高度精确指出了中国应该大力发展天然石油工业，并且为中国石油勘探事业从西部转向东部指明了方向。在中国石油工业东进的过程中,通过对松辽盆地的勘探发现了大庆长垣,为了开发大庆油田,国家组织了声势浩大的大庆石油会战,瞬时间,全国各地的优秀石油工作者会聚于此。对于一直以"到祖国最需要的地方去、到最艰苦的地方去、服从组织分配"为职业发展信条的李庆忠来说,1961年5月,当祖国再一次召唤他的时候,他也毫不犹豫地奔向了东北那片富饶的黑土地,投入那场如火如荼的大庆石油地震勘探会战之中,同数万名石油工作者一样,用自己的勤奋和才学助力中国甩掉了"贫油国"的帽子,使中国过度依赖"洋油"的时代一去不复返,石油产品也基本实现了自给。

初 探 松 辽

  大庆油田地处黑龙江省西部、松辽盆地中央坳陷区的北部。松辽盆地跨黑龙江、吉林、辽宁、内蒙古四个省、自治区,呈菱形布局,面积约为26万平方公里。盆地四面环山,内部为平原,海拔约为150米,因为有松花江、辽河流经该地区,故称松辽盆地。松辽盆地的中新生界沉积岩厚度达7000米以上,含侏罗系、白垩系、第三系和第四系。其中以白垩系最发育,总厚度大于7000米;中白垩统是主要含油岩系,厚度约为3000米。

  长期以来,西方国家宣传中国贫油,甚至撰文说:"从岩层类型及其年代看,中国东北部的绝大部分是不可能含有石油的""中国的东北地区,也和华北一样,不会含有大量石油"。面对这些论断,中国的科技工作者们却有自己清醒而又独立的判断:1948年,地球物理学家翁文波在《中国石油地质概论》(未正式出版)一书中,把松辽平原列为具有含油远景的地区;1953年,地质学家谢家荣[①]在《探矿的基础知识与我国地下资源的发现》文章中指出,从大地构造角度预测,中国的华北、松辽两大平原下面

[①] 谢家荣(1898-1966),上海人,字季骅,地质学家,矿床学家,中国地质学会创始人之一。他对华北、松辽、渤海、塔里木等石油蕴藏的预测皆得到了证实,是我国最早提出地质理论找矿、倡导综合勘查方法的科技工作者。

都可能蕴藏着石油资源；1954年，地质学家李四光在《从大地构造看我国石油资源勘探远景》一文中也指出，华北平原、松辽平原的摸底工作是值得进行的。1953—1955年，地球物理学家翁文波、谢家荣、黄汲清[①]等人编制了三百万分之一的中国油气远景分布图，松辽盆地被划为含油气远景第六区。

自1955年起，地质部首先开始了在东北地区的勘探工作。当年8月，地质部东北地质局通过地质剖面观测、油苗调查等方式，对松辽盆地的石油地质进行了初步调查。次年，又在全盆地及其周边地区进行了1∶1000000的地质调查，在松辽盆地的东南边缘开展了重磁力调查。1957年，石油工业部的116地质队在松辽盆地开展油苗调查、地质普查和分析研究等工作，加强了对当地石油地质特征的初步掌握和了解。

在邓小平指出石油勘探东移的战略布局之后，遵循中共中央指示精神，1958年石油工业部成立了松辽石油勘探局，组建了32支勘探队，其中重、磁力队9支，测井队、物探综合研究队8支，地质详查队5支，地质研究队5支。这些队伍与地质部物探局东北石油物探大队的勘探队伍分工协同、紧密配合，按照"三年攻下松辽，尽快在我国东方找到油田"的目标在松辽盆地开展了大规模的石油勘探工作。

在两年多的时间里，地质部和石油工业部通过艰苦卓绝的工作，摸清了松辽盆地的石油地质规律，而且钻出了含油砂岩层。1958年6月17日，地质部勘探人员在杨大城子镇附近钻井中取得的岩心有原油渗出，同年6月25日，新华社据此发布了《松辽平原有石油》的消息。除了证明盆地的含油性，还基本确定了中央坳陷区是最有利的含油区，面积约为6万平方千米，而位于中央坳陷区肇州县（今为大庆市大同区）大同镇的高台子构造是生油、储油的最好地带。

[①] 黄汲清（1904-1995），生于四川仁寿，构造地质学、地层古生物学和石油地质学家。1955年年初，在与谢家荣一同担任地质部普查委员会技术负责人时，他建议在松辽平原、华北平原、鄂尔多斯和四川盆地四大重点地区进行石油和天然气普查勘探，后经地质部同意，下达了普查钻探任务。

图 4-1 1958 年，新华社发文《松辽平原有石油》

在前期勘探的基础上，1958 年 7 月、8 月先后开钻松基 1 井、松基 2 井，并且都在 1959 年完钻，遗憾的是两口井均没有涌出期望的工业油流。1958 年 7 月，石油工业部在甘肃玉门召开会议，决定在肇州县大同镇高台子村西侧的构造上开钻松基 3 井。经过周密会商、科学论证，1959 年 4 月 11 日，松基 3 井正式开钻，9 月 26 日上午该井喷出工业油流，日产原油 9—12 吨。松基 3 井出油标志着大庆油田的发现，也证实了石油勘探战略东移的正确性。当时正值新中国成立 10 周年庆典前夕、举国欢庆之际，时任黑龙江省委第一书记欧阳钦[①]提议将松基 3 井所在的大同镇改为"大庆镇"以示庆贺，也以此向国庆献礼，并以大庆镇为中心成立大庆区，前期探得的大同长垣也改称"大庆长垣"，新发现的油田也被称为"大庆油田"，之后在此开展的松辽石油会战又称"大庆石油会战"。

松基 3 井喷油，三井定乾坤，大家都沉浸在喜悦之中。此时，时任石

---

① 欧阳钦（1900-1978），号惟亮，湖南宁乡人。从新中国成立初期到 20 世纪 60 年代，长期担任中共黑龙江省委第一书记和东北局第二书记。

油工业部部长的余秋里①却提醒大家戒骄戒躁，继续加大勘探，并提出了自己的三大疑问：究竟这个油田是大油田还是小油田？是活油田还是死油田？是好油田还是坏油田？

面对余秋里的三大疑问，广大石油勘探工作者马不停蹄、连续作战，确定了大庆长垣是松辽盆地中央坳陷区北部的一个二级背斜构造带，南北长140千米，东西宽6—20千米，大庆油田就是以此为主体。1960年1月7日，在位于高台子南部的葡萄花构造上的葡7井最先涌出油流，日产原油15.5吨，之后又陆续有葡4井、葡10井、葡11井、葡14井等出油。经过进一步勘探，勘探队员发现在大庆长垣上，自北向南分布着喇嘛甸油田、萨尔图油田、杏树岗油田、太平屯油田、高台子油田、葡萄花油田和敖包塔油田。在大庆长垣之外，探明的油田还有朝阳沟油田、榆树林油田、汪家屯气田等25个油气田，而大庆油田就是这些油气田的总称。至此，这场历时5年的石油勘探终于有了一个较为清晰的答案，对余秋里的三大疑问也有了一个确切的答案。

大庆油田的发现，不仅为刚成立10年的新中国的社会建设和石油工业发展带来了新机遇和曙光，而且也丰富和完善了石油地质理论体系，有力地回击了西方宣扬的"中国贫油"的错误论断，打破了长期以来西方石油科学界和工业界推崇的"海相生油"理论，用大庆油田哗哗而出的工业油流证实了陆相地层不仅可以生油、储油，而且还会产生特大油田。不管是海相地层、还是陆相地层，只要具备了生油、运移、聚集、储存石油的条件，就可以产生石油。

松辽盆地在长期的发展演变中，经过河流、湖泊的流淌、冲刷，沉积了大量的有机质，在岁月更迭、历史演变中，在温度、压力的综合作用下，形成了珍贵的石油资源，又在合适的圈闭条件下聚集起来，最终成为大油田。此外，大庆油田之所以能在短期内被发现，也充分证明了科学的地质指导思想与各种地球物理勘探方法相结合的正确性。勘探队先是依靠重磁力和电法搞清楚了中央坳陷区和大庆长垣的基本轮廓，又在电法隆起

---

① 余秋里（1914-1999），江西吉安人。1958年2月任石油工业部部长，组织大庆油田的开发和建设，为国家石油工业和国民经济的发展做出了重要贡献。

图 4-2　全国石油系统的厂矿、院校、科研院所抽调精兵强将奔赴大庆

的异常区域依靠地震方法精确地勾勒出高台子构造，确定了松基 3 井的钻井位置，慢慢揭开了大庆油田的神秘面纱。

虽然证实了大庆油田的存在，但当时面临的情况是，曾经的苏联"老大哥"单方撕毁合同、撤走专家，与西方列强一道对中国进行石油封锁。在油品供应不足的条件下，北京大街上的公共汽车背上了煤气包，有的车辆甚至烧起了酒精、"老白干"和木炭；从国外进口的高级航空煤油中被不法商人掺入了马粪、高跟鞋；在满洲里，苏联方面不等交接手续办完就直接把油品倾倒在站台上。内外压力交困之下，需要尽快把地下的石油资源提取出来，满足社会发展的需要。开发大油田迫在眉睫。

1960 年 2 月初，石油工业部党组会议酝酿提出了开展大庆石油会战的决议，并于当年 2 月 13 日向党中央提交了《关于东北松辽地区石油勘探情况和今后工作部署问题的报告》，报告中指出：

整个大庆地区，从地质资料上看，是一个很大的适和储油的构造带，面积达 2000 余平方公里。现在拿到手的这块油田，仅是其中的一

第四章　鏖战大庆

部分，边界尚未摸到……

为了实现上述任务，我们打算集中石油系统一切可以集中的力量，用打歼灭战办法，来一个声势浩大的大会战。从玉门、新疆、青海、四川等石油管理局和其他的有关石油厂、矿、院、校抽调几十个优秀的钻井队和必要的采油、地质及其他工种队伍，加上两千多名科技人员，参加这个大会战。抽调的人员都要精兵强将，在现场大搞比武竞赛，掀起一个大规模的群众运动，一鼓作气地拿下这个地区。

1960年2月20日，中共中央批准了石油工业部的报告，并在批示中希望全国各地在不妨碍本地、本单位勘探任务的前提下支援这场大会战。两天后，中央又发出了动员30000名退伍士兵到石油部的指示，此举为大庆石油会战创造了雄厚的人力资源基础。同时，国家其他单位和地区也迅速行动起来，在机器设备、物资输运、后勤保障等方面加以支援。至此，一场声势浩大、史无前例的石油大会战在青天一顶、草原一片、人烟稀少的大庆地区拉开了大幕。

图4-3 1960年，大庆石油会战开幕，来自全国各地的参战职工会师荒原

大庆石油地震勘探会战

大庆石油会战开始的 1960 年，国家尚处在三年经济困难时期，尽管四面八方节衣缩食地伸出了援助之手，可是依然无法改变当时办公住房紧张、运输工具短缺、生产设备陈旧、技术落后、生活物资匮乏等多方面的困难。相较这些困难，当时面临的最大挑战在于面对大庆这个上千平方千米的大油田，中国人缺乏勘探开发的实战经验。由于西方国家对中国进行技术封锁，可借鉴的经验不多，即使有苏联专家的支援也不能照搬照抄（1960 年 7 月 10 日，苏联政府提出将在 9 月 1 日前撤走全部在华专家，并停止供应重要设备）。

面对千头万绪的复杂困境，余秋里部长和会战领导小组与广大会战员工一起掀起了学习《实践论》《矛盾论》的热潮，认真总结我国以往油田开发的经验教训，发扬勇于实践、敢想、敢说、敢干的风格，积极探索符合我国国情的油田勘探开发之路。在"两论"的指导下，很快打出了 93 口探井，圈定了油田面积，概算了地质储量，基本弄清了油田的地下状况，还打了 200 口生产井，做了大量的油田地质科学研究工作，知难而进、破除迷信、解放思想、勇于创新成为会战中的风气和潮流。此外，当时还开展了向铁人王进喜[①]学习的"学铁人、做铁人"活动以及学习"五面红旗"[②]活动。会战中还形成了"三要"（要甩掉我国石油工业落后的帽子，要高速度、高水平拿下大油田，要赶超世界先进水平，为国争光）、"十不"精神（不怕苦、不怕死、不为名、不为利、不讲工作条件好坏、不讲工作时间长短、不计报酬多少、不分职务高低、不分分内分外、不分前线后方，一心为会战的胜利）、"三老四严"（当老实人、说老实话、办老实事，

[①] 王进喜（1923-1970），生于甘肃玉门，新中国第一代钻井工人，因其用自己身体制服井喷而家喻户晓。1960 年，他率领 1205 钻井队艰苦创业，打出了大庆第一口油井，并创造了年进尺 10 万米的世界钻井纪录，展现了大庆石油工人的气概，成为中国工业战线的一面旗帜。

[②] 五面红旗指的是当时涌现出的 5 位先进人物，分别是铁人王进喜、1202 钻井队队长马德仁、1206 钻井队队长段兴枝、第一采油队队长薛国邦、工程队队长朱洪昌。

严格的要求、严密的组织、严肃的态度、严明的纪律）、"四个一样"（夜班和白班执行制度一样，坏天气和好天气执行制度一样，领导不在场和领导在场一样，没人检查和有人检查执行制度一样）作风等具有鲜明大庆特色的优良品质和文化。生活上为了解决广大会战职工的住房、吃饭困难，会战工委号召大家发扬解放区的"南泥湾精神"，自己动手、丰衣足食，开荒种田、盖"干打垒"①，缓解了当时粮食供应不足和住宿、过冬的难题。在大家的齐心协力奋战下，1960年6月1日，第一辆挂着21节油罐的列车在众人的瞩目中缓缓驶出了大庆。

在石油资源勘探中，素来有"地震先行"的说法，地震勘探者也被称为"石油勘探的尖兵"和"先行官"，大庆油田的开发也不例外，而且当时奉行"边勘探、边开发、边建设"的方针，地震勘探起着至关重要的作用。

当时的大庆石油会战指挥部、大庆石油会战工委均设在安达市的萨尔图，以此为中心指挥调度整个会战的组织运行。1961年年初，大庆石油会战工委响应石油工业部党组提出的"发展勘探，四路进军，油田成对，储量翻番"的口号，在杜尔伯特蒙古族自治县泰康镇成立了松辽石油勘探指挥部，负责大庆外围地区的石油勘探工作，为大庆油田的持续发展寻找后备战场，由杨文斌任指挥、许士杰任党委书记，下设一、二、三、四勘探处和地调处、综合研究大队。也就是在这时候，在克拉玛依工作的李庆忠接到了上级调他去大庆参加会战的决定。据李庆忠回忆："当时大庆的重力场很难解释，明明是一个很大的油田的隆起，但是没有重力异常。孟尔盛就向松辽地调处建议说，新疆有一个李庆忠，一定把他调来。"

1961年5月，李庆忠和夫人梁枫乘坐火车向东北进发。他们先乘坐闷罐车②，后又换成客车，因为随行的还有3000多名参加大庆石油会战的钻井、采油工人，所以并不觉得寂寞孤单，一路停停走走，不知不觉间就到了泰康火车站。李庆忠说，刚下火车就感觉到了会战的氛围，每个人都精神抖擞、斗志昂扬，尽管是在晚上到达的，还是敲锣打鼓地把他们迎接了

---

① 所谓"干打垒"，就是北方农村都有的、最简便的用土作原料建筑的房子。
② 闷罐车，又称代客车，是利用铁路棚车代替客车运送人员的一种车辆。

进去。

　　李庆忠被分到松辽石油勘探局地调处（即松辽地调处）担任综合研究队的副队长，主要从事重磁力资料的研究工作。李庆忠一方面通过技术座谈会等渠道向孟尔盛、田在艺[①]等老同志学习，认真记好笔记；另一方面通过读书、看报告，尽快了解掌握松辽盆地的石油地质情况。同时在队内充分调动广大队员的积极性，组织大家共同研讨松辽盆地重磁场的解释方法，总结形成了磁场分析法及基底研究的系列主要成果。关于这一时期李庆忠的工作表现，在陆邦干[②]、钱绍新[③]于1962年8月16日撰写的《李庆忠来松辽后的表现》中可以找到答案：

　　　　他在行政业务工作上，一贯积极负责。初来松辽时，负责研究队重磁力组工作，该组原先基础差、工作进度慢，成天计算，效果不大。自他来后，首先熟悉本区地质情况，提出磁场分析方法，带动全组进行各种实验研究，重磁力解释工作有了不少提高。[④]

　　地震勘探是探寻地下石油的重要方法之一，其原理为引爆埋在炮洞里的炸药或者使用强力锤敲击地面产生能够穿透地质岩层并抵达深处的地震波，通过地面上布设的"检波器"来测量由地下不同岩层分界面上反射回来的反射波的强度和抵达的时间。把这些数据记录下来之后，再结合地质资料和数学模型计算出地下不同岩层的深度和构造状况，进而找出石油矿藏的准确位置。

---

　　① 田在艺（1919—2015），陕西渭南人，石油地质学家，中国科学院院士。1960年年初奉调参加大庆石油会战，成为大庆油田的重要勘探开发者之一。

　　② 陆邦干（1928—2004），生于南京市，地球物理学家，中国石油物探事业的开拓者之一。1950年毕业于上海交通大学物理系，分配至燃料部石油总局上海地球物理实验室工作，从此与石油物探事业结缘。1961年10月，参加大庆石油会战，并担任地震研究大队大队长。

　　③ 钱绍新（1927— ），地球物理学家。1952年毕业于清华大学物理系，一直从事石油地球物理勘探工作，为发展我国的石油物探事业做出了突出贡献。1961年参加大庆石油会战，任研究大队方法组组长，主持编写了《大庆地震会战方法总结》报告及《地震激发条件的选择》研究论文，系统总结了在大庆地区开展地震勘探工作的经验。

　　④ 李庆忠人事档案，存于中国石油东方地球物理公司。

1958年6月，为勘探松辽地区，石油工业部在长春成立松辽石油勘探局，历经一年多的发展，截至1960年时已经拥有了3支重磁力联队和2支地震队。1960年，从新疆调了一个处级建制的地调处到长春（隶属松辽石油勘探局管辖，即松辽地调处，田在艺任处长、柳正英任党委书记、孟尔盛任总工程师，4月15日迁至泰康），又组建了9支地震队，这样加上原来的2支地震队共有11支地震队。此外还有电法队、重磁力队、放射性队、综合研究队、测量队等。当时这11支地震队在松辽盆地的前期勘探中发挥了先导性的作用，并总结出了"两高两低"和中点发炮的技术措施以及连片普查、有据详查、重点细测的工作程序。但是面对松辽盆地26万平方千米的面积，任务依然艰巨。1961年年初，北京石油研究院院长张俊、副院长翁文波在泰康指导工作，松辽地调处总工程师孟尔盛向他们建议，"在工作方法掌握较好的条件下，可以集中更多的地震队伍，早一点拿下松辽盆地"。[①] 建议得到了大庆石油会战工委的采纳，并定于1961年冬天开展一场地震勘探大会战。

1961年9月17—24日，石油工业部、大庆石油会战指挥部在泰康组织召开大庆地震会战筹备会议，决定在1961年冬天至1962年春天从新疆、青海、玉门、银川和四川各抽调3支地震队分别组成一个大队到松辽盆地，会同松辽地调处的11支地震队共计26支队伍开展大庆石油地震勘探会战。会战的目的在于：一是搞清楚松辽盆地及其周围的地下构造，实现松辽盆地地震连片测量；二是锻炼、检阅地震队伍，从1951年第一支地震队成立到1961年正好走过了10年，借此机会把分散在各地的地震队伍聚集在一起搞一个大交流、大比武、大评比、大总结，互相学习、共同提高，锻炼形成一支石油勘探野战军；三是借助会战，进一步完善、提高和统一解释方法，总结形成中国式的地震勘探标准和规程。

1961年10月下旬，来自祖国各地的15支地震队陆续抵达工地。同年11月13—16日，大庆冬季地震大会战誓师大会在大安县举行。会战的方针是：以江南（吉林）为中心，以哈尔滨坳陷为重点，填平补齐西斜坡，

---

① 陈学兴，周荣宝：《再创辉煌：大庆石油地震勘探会战35周年文集》。北京：石油工业出版社，1997年，第10页。

查明松辽盆地地质结构，准备出一批可供钻探的地区。会议还决定，为了把采集到的地震资料连成片，彻底弄清地下地质结构，决定成立综合研究大队，为1962年4月开始大规模钻探拿出找油的科学依据。组成人员先是从全国各地点将调入一批技术干部，后又汇编了松辽石油勘探指挥部研究大队和松辽地调处研究队的部分研究人员。综合研究大队大队长由陆邦干担任，李庆忠担任综合研究大队构造组组长。

随着业务工作的展开，人员也陆续增加，这时从地调处来的人员有李庆忠、梁枫、吕鸣岗、陆兆清、吴奇之……绝大多数同志都是为唐克司长要求的六大层构造图日夜奔忙。去小队了解质量，赶着拼图回大安参加每月质量检查会汇报成果，去长春收集地质部的资料为全盆地拼图做准备。方法研究、地质地层、基底研究的同志也不少，都为大庆地震会战取得辉煌的成就做出了自己的贡献。①

图4-4　1961年冬，参加松辽地震勘探会战的队伍云集吉林省大安县

---

① 陈学兴，周荣宝：《再创辉煌：大庆石油地震勘探会战35周年文集》。北京：石油工业出版社，1997年，第204-205页。

1961年11月17日，为了加强对会战的领导和指挥，松辽石油勘探指挥部决定在大安县设立大庆地震会战前线指挥部，直接领导松辽地调处和5个地震队以及综合研究大队、长春办事处、白城子办事处等机构。

李庆忠所在的综合研究大队在大安县的文化馆办公，条件十分简陋，甚至连门窗都没有，李庆忠等人自己动手打扫卫生，安装门窗、玻璃和电灯。屋子内是面对面的两排土炕，既是工作的地方，也是吃饭、休息的地方。他们的办公室主要分布在文化馆后院一排干打垒的平房和文化馆的二楼，虽然叫办公室，当时房子里既没有办公桌，也没有办公椅，于是他们就把绘图用的板子铺在炕上，或蹲着，或俯下身子，或曲着腿工作。除办公环境简陋外，当时生活上也很拮据艰难，整个大队不仅没有一辆汽车，连自行车、手推车都没有，买菜、买副食品都是靠人扛。据陆邦干介绍，当时整个综合研究大队除了炊事员以外都是技术干部，炊事班的同志到处捡柴火、破烂生火做饭，用以弥补煤炭、木柴的不足。

图 4-5　1961 年冬，地震勘探队员在野外开展工作

当时正值三年自然灾害时期，尽管上级要求办好职工食堂，但是职工吃饭都是每月按定量计算的，干部约为 15 公斤，工人 30 公斤左右。食堂里贴着"算了再吃，不要吃了再算"的标语，提醒大家有计划地使用粮票。吃的主要是高粱米粥、窝窝头、冻白菜、咸菜等。到野外小队工作的时候更是经常性地忍饥挨饿，每天 1 斤粮食，早晨 4 两，中午 4 两，晚上 2 两。中午每人带一个 4 两的馒头，当时大搞"增量法"，1 两面粉就可以包出三个大包子，包子皮比纸稍厚点，里面全是大白菜，没有一点油水，馒头也发得特别大，摸上去就像刚出笼的面包一样，非常软，可是不管饱。带着馒头到了工地，钻井的钻井，放线的放线，做完这些后十一点才能开第一炮。一般在开第

一炮之前，那四两馒头早就"报销"了。到了晚上收工的时候，肚子早已饿得咕噜叫。当时市面上的副食品也少得可怜，为了填饱肚子、补充能量，许多职工就从微薄的工资中挤出钱买高价饼干（六七元一斤）充饥。日久天长，许多人因为营养不良都患上了浮肿病、肠胃病。

就是在这种情况下，李庆忠和队友们依然坚持工作，晚上加班到十二点是常有的事。后来在大庆会战工委的号召下，广大职工和家属开始垦荒种田、建农场，搞生产自救，兴起了"自己动手、丰衣足食"运动。尽管研究工作很忙，但李庆忠仍积极参加农业生产劳动，有时忙了一个通宵，第二天他还是会出现在劳动现场，拔草、收割庄稼等。到了1962年上半年，粮食短缺的问题才有了好转，除了定量，每人每年还可以分得150斤的自产粮，从根本上解决了广大职工的吃饭问题。

大庆石油地震勘探会战是在最冷的季节里开始的。冬季昼短夜长，为了保证施工时间、按时完成既定工作量，出野外的地震队员早晨四点就要起床，五点出发，在天亮之前赶到工地，夜晚天完全黑下来才回到驻地，一般都在八九点钟，两头不见太阳。地震队的钻机等仪器设备都需要汽车运输，但是天气寒冷，清晨汽车往往发动不起来，于是大家就总结出了"快字当头、以火攻之"的操作经验。司机同志每天清晨三点就要起床，用火盆给汽车加热，确保在其他职工起床后能快速把汽车发动起来，晚上其他职工吃完饭后可以马上休息，而司机还要维修、保养车辆，每天只能睡四五个小时。

在泰康时，李庆忠夫妇住的是研究队为他们安排的当地老乡家的对面炕。所谓对面炕，就是一进门在房子左右两侧面对面建两排炕，中间是个走廊，走廊中央还砌有火墙用来生炉子供暖。李庆忠住的这家正好儿女不在跟前，老乡就把另一排炕租给了研究队。因为每天天不亮就去上班，晚上十二点左右才下班，以至于住了很久，老乡才见到他，还好奇地问他们，"怎么总是看不见你们来住啊？"地震会战开始后，李庆忠夫妇又随综合研究大队搬到大安县，夫妇俩住在当地老乡废弃的养鸡棚里，家里仅有的家具就是他向地震队要的几个装炸药的旧箱子，既可以用来装书，也可以当桌子。

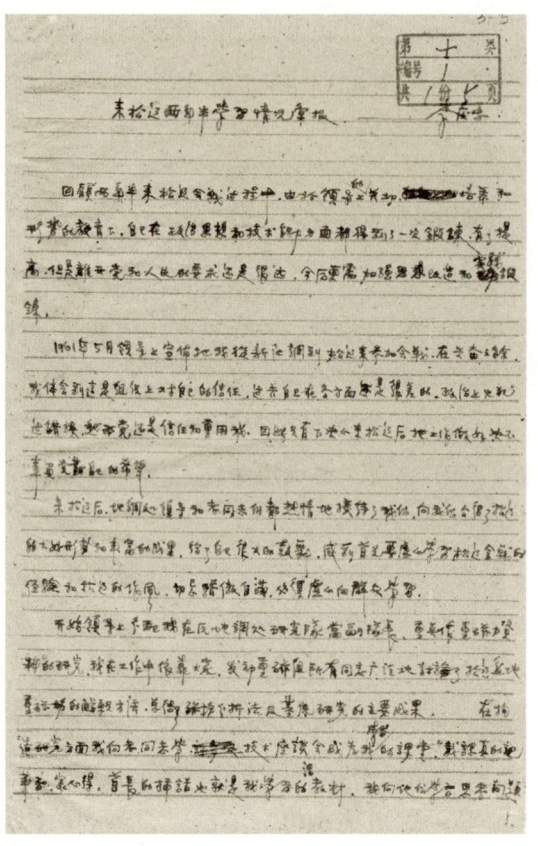

图4-6 1963年，李庆忠撰写的《来松辽两年半学习情况汇报》

李庆忠虽然是综合研究大队的技术干部，而且是构造组组长，但在"理论要和实践相结合""实践出真知"的工作标准下，李庆忠在会战初期就被选为政治工作组的成员下到野外小队工作。出野外、下小队的经历为之前从事重磁力工作的他创造了学习地震勘探的机会，在小队，他虚心地向仪器组长、解释组长学习野外操作的每个环节，这些都成为他日后从事地震方法研究的重要实践基础。

在1962年年初的两个多月中，我在小队又经过了一次实际的锻炼，学到了不少东西。野外工人、操作员和队长、指导员，他们都是我的老师。我在搞政治工作的同时，参加了地震队的实际生产劳动，过去自己虽然搞地球物理工作，但地震队生产实践这一套还是很外行。因此，这次工作也是一次最好的生产实习，为以后作好地震方面的研究工作打下了基础。①

1962年3月，石油工业部决定大庆地震会战的第一阶段在4月底基本结束，5月10日前全部收工。李庆忠参加了1962年4月组织的千人检

---

① 李庆忠：《来松辽两年半学习情况汇报》。存于中国石油东方地球物理公司。

查团，深入一线，帮助各小队分析地震记录，和解释组的同志讨论解释方法，提出了许多有价值的意见。同年5月，1961年冬至1962年春的大庆地震会战宣告结束，来自新疆、玉门、银川、青海、四川各石油勘探局的地震队没有回原单位，而是留在东北进行资料整理、工作总结和机器检修、整训。5月16日，大庆地震会战的组织机构进行了调整，撤销大庆地震会战前线指挥部，成立新的地质调查处，即松辽石油勘探指挥部地质调查处，并把原来的玉银联合大队（1961年12月26日，玉门大队和银川大队合并为玉银联合大队）、新疆大队、青海大队和四川大队改建为一、二、三、四、五大队；将原来隶属大庆地震会战前线指挥部的综合研究大队改为综合研究队（其中一部分人员并入松辽石油勘探指挥部下设的研究大队构造组），会同上面的5支队伍隶属于松辽石油勘探指挥部地质调查处领导，综合研究队由吕志良任队长、李庆忠任副队长。

据吕志良介绍，当时之所以组建综合研究型队伍，与会战前线指挥部总工程师孟尔盛的主导是分不开的。

> 孟老总说："把他们放进冰箱里，我要求他们出成果。"他的意思就是给我们创造条件做点研究。他认为，找石油光靠一群人像热锅上的蚂蚁一样围着现场转、猛打猛冲是不够的，还要有一部分人静下心来仔细地分析数据、资料、图表，做一些应用型研究。①

吕志良在回忆性文章《大庆地震会战35周年有感》中记述了他对李庆忠的印象及综合研究队的基本情况：

> 综研队成立时，行政上由我和李庆忠同志负责（均兼主任工程师）。李庆忠同志造诣较深，对问题刻苦钻研，深入基层，着重抓方法研究……下设东部组、西部组、综合组、方法组等几个业务组。这里既有一批技术精湛、训练有素、能力很强的各路专家（地震、地

---

① 吕志良访谈，2015年3月30日，北京。资料存于采集工程数据库。

质、重磁电、测绘等复合型），又有大量刚出校门的朝气蓬勃，肯钻研、能吃苦、善巧干的年轻同志。会战是熔炉，它既聚集了精英，更锻炼了队伍。①

无论是前期的综合研究大队，还是后成立的综合研究队，其主要工作在于依托各种资料，寻找局部构造圈闭类型和断层、挠曲、尖灭等背斜圈闭类型并进行解释。大家每天都忙着进行分析、对比、计算、制图，白天时间不够用，就晚上加班干，也没有节假日和星期天，还不定期地召开各种技术座谈会、百题办公会等围绕松辽盆地的地震资料进行研讨。当时的研究氛围既融洽、又民主，尤其是注重实践对理论的检验。后来，组织上又抽调李庆忠对地震会战第一阶段的成果进行总结，并编写构造研究报告。他和其他同志经过夜以继日的努力，总结梳理了松辽盆地大地构造性质、基底结构及基层褶皱规律，对盆地的构造发展史及储油规律也作了研究。为了达到勘探指挥部和地调处的要求，交出一份优秀的报告，他们反复讨论、数次修改，杨文彬、田在艺等负责同志也多次听取他们的预汇报并提出修改意见。在1962年9月召开的大庆地震会战大型技术座谈会上，李庆忠代表地调处做了题为《松辽盆地构造特征及构造发育史》的报告，总结了1960—1962年在松辽盆地取得的石油物探成果以及与钻井资料相结合后形成的研究成果。此外，李庆忠还和研究队的队友一起绘制了松辽盆地六大层构造图、等厚图、部分基底图、多种地层对比图、联井剖面等大量图幅，特别是松辽盆地区域性六大层构造"宝塔图"受到石油工业部康世恩副部长和勘探指挥部领导的表扬。

这六大层构造图分别为：①四方台组（K_2S）底界T_{O3}不整合面构造图；②上部含油组合嫩江组（K_{1n3-4}）内部T_{O4}黑帝庙油层构造图；③中部含油组合（三层构造图），包括姚家组（K_{1y}）顶界T_1萨尔图油层构造图、姚家组（K_{1y}）底界T_1葡萄花油层构造图、青山口组（K_{1qn}）底界T_2高台子油层构造图；④下部含油组合泉头组K_{1q}底界T_3扶余、杨大城子油层

---

① 陈学兴，周荣宝：《再创辉煌：大庆石油地震勘探会战35周年文集》。北京：石油工业出版社，1997年，第37页。

构造图。六大层构造图使得松辽盆地西部斜坡区、西南隆起区、东北隆起区、北部倾没区、中央坳陷区、东南隆起区六大构造单元得以清晰划分，并进一步明确了全区的31个二级构造带，复查和探明落实了130个圈闭构造，为松辽盆地的构造划分、构造发育、油气运移、油气评价和探井设定等创造了清晰而又翔实的基础资料。

1962年12月—1963年5月，大庆地震会战进行了第二阶段的工作，松辽石油勘探指挥部地调处下辖的5个大队共投入25支地震队、1支电法队在盆地的东南部、西部和西南部按照"继续大规模发展石油勘探，有多少油气田就找多少油气田，以二级构造为勘探对象，彻底解剖二级构造带，迅速找到高产油气田"的方针，累计完成地震剖面5600多千米，基本实现了松辽盆地内地震连片的普查任务，复查发现了20个构造。

1963年8月14日，康世恩传达石油工业部的指示，决定组织华北石油会战，从参加大庆地震会战的队伍中抽出22支地震队，会同华东的7支地震队和15支重磁力、电法、测量队伍，共计44支物探队开赴华北渤海湾地区，在山东、河北一带找油。

历时一年半（1961年11月—1963年5月）的大庆石油地震勘探会战是大庆石油会战的重要组成部分，是在内有自然灾害引起的经济困难，外有苏联撤走专家、西方资本主义国家进行技术封锁的内外压力下开展的一次独立自主的地震勘探大会战、大竞赛、大练兵。大庆石油地震勘探会战圆满完成了松辽盆地26万平方千米的地震勘探连片任务，并绘成了全盆地六大层构造图，阐明了盆地构造发展史。在前期发现大庆油田（800平方千米）的基础上，又在大庆外围发现了51个构造、复查了33个构造，其中25个构造经钻探证实有油气显示、8个构造已经形成工业性油气田，共找到石油地质储量26.5亿吨。此外，通过大庆地震会战，还培养、锻炼了一支勇于吃苦、敢打硬仗恶仗的地震勘探野战军，为下一步顺利入关参加华北石油勘探会战奠定了基础。

在火车上攻读数学的人

在从事地震方法研究的过程中,李庆忠坚持一边工作、一边学习,首先对地震勘探教程中自己不懂的地方做了强化学习,其次他发现自己的数学知识还有欠缺,就积极主动地补习数学,概率论、数学物理方程、复变函数他都学,尤其是数学物理方程作为最后地震成像的基础知识,他学得特别仔细认真。不管白天还是晚上,只要有空他就学;出差的时候,在火车上,别人都在打牌,他就看书学数学。后来,松辽石油勘探指挥部地调处党委把他树为标兵,给他戴上象征荣誉的大红花,称赞他是"在火车上攻读数学的人"。

在注重书本理论知识补充和完善的同时,李庆忠也没有放弃一线的生产实践检验,尤其是在低速带干扰波激发、接收条件的研究方面,他通过理论和实践的密切结合取得了一系列成绩。1963年上半年,他经常代表地调处前往野外地震小队检查、协助工作,流动在外的日子里,他就把地震勘探中的现象、规律总结起来,并结合书本上的理论进行分析、推演,日积月累构建起了自己的知识架构体系。1963年7月,李庆忠带领方法组的队员一起完成了干扰波激发、接收条件的分析,反滤波器、低速带解释方法,以及松辽盆地地震勘探的三年总结报告等。

这一时期,李庆忠结合自己的工作与地震勘探实验检验,还编写了《松辽盆地地震勘探方法检验总结》,撰写了中国第一篇关于反褶积方法及应用的学术论文《用简化反褶积算子恢复反射系数序列》,该论文所述内容被认为是我国运用反褶积技术的开端。

1963年9月11日,在萨尔图举行了地调处1500人入关出征大会,参加大庆地震会战的队伍只留下3个地震队,其余全部进入渤海湾盆地、华北平原地区参加勘探会战,力争两三年内发现新的大油田。石油工业部要求地调队伍在10月底前全部到达河北徐水集中,12月1日投入勘探作战。李庆忠跟随大部队也调任河北徐水646厂集结,并继续担任综合研究队的副队长。

从1961年5月离开新疆到1963年10月离开大庆,两年半的时间里,李庆忠凭着自己的勤奋、好学、爱钻研,加上不怕苦、不怕累、不畏难,成功地从一名重磁力石油勘探队员转变为一名从事地震方法研究的技术专家。作为一名从实践一线走出来的研究专家,他凭着自己出色的表现连续三年被评为"五好红旗手"。在大庆油田的这段工作经历,不仅使他在新疆建立起来的石油地球物理勘探知识体系愈加完善、系统,也在当时的工

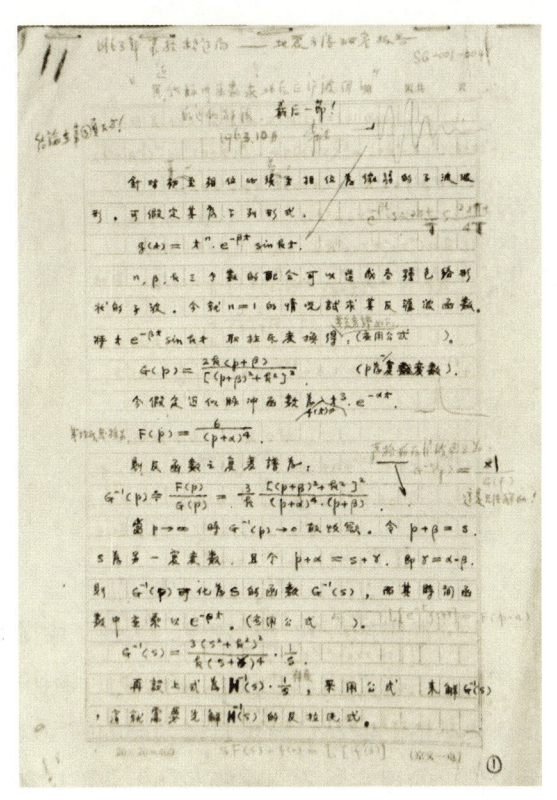

图4-7 反褶积方法及应用论文初稿

作氛围中让他养成了重实践、重操作的科研习惯,成为伴其一生的科研习惯和优秀品质。在这一时期,李庆忠的学术思想也得以不断凝练、发展,逐步聚焦到地震方法研究领域。

自大学毕业起,李庆忠的职业生涯之路就伴随着新中国的石油工业发展前行,在石油勘探行业历经10年的磨砺与锻炼,他已经深深地喜欢上了这个"哪里有石油,就哪里走,哪里需要我,就去哪里"的职业。所以,当国家再一次需要他奔赴华北参加石油勘探会战的时候,风华正茂的他毫不犹豫地投入又一场轰轰烈烈的大会战之中。

第五章
转战华北

大庆油田的胜利开发建设，实现了中国石油基本自给，打破了外国列强用石油卡中国人脖子的企图，也使得中国石油工业的发展跃上新台阶、步入快车道。但是，面对迅猛发展的国民经济以及军事国防事业对石油的大量需求的现实，依然需要石油工业部门继续加大勘探开发力度，探明更多的石油储量，同时还要拥有一定的石油储备，以备国家发展的不时之需。于是，石油工业部决定把找油的区域从松辽盆地转移至渤海湾盆地，期望继大庆油田之后发现又一个新的大油田。

1955—1963年，石油工业部和地质部已在华北平原地区进行了初步的石油地质勘探，并通过钻井了解当地的含油情况，特别是东营地区的华8井、营2井先后喷出工业油流且后者实现了日产原油555吨的高纪录，这些都极大地增强了石油工业部党组加大渤海湾盆地勘探力度、开展华北石油会战的热情和信心。于是，1963年10月，在大庆外围勘探基本结束，没有实现"大庆外围找大庆""油田成对，储量翻番"的形势下，余秋里和康世恩等石油工业部领导果断决定大庆的勘探大军入关南下，转移到渤海湾地区寻找新的大油田。1964年年初，经中共中央批准，新中国历史上第二场声势浩大的石油大会战在华北平原打响了。

作为奉调入关的成员之一，李庆忠参加了华北石油会战，并在山东东营参与了胜利油田的开发建设。在胜利油田的十五年,是他的科学研究事业发展较快的阶段,也是他在中国石油地球物理勘探界崭露头角、成果频出的时期,尽管遭遇了"文化大革命"风雨的袭扰,但他依然在三维地震勘探、波动地震学、两步法偏移技术等方面取得了突破性的成就。在那特殊的年代里,他依靠自己的勤奋和智慧推动着中国石油地球物理勘探技术的发展与进步,部分技术甚至可以与发达国家相比肩。

渤海湾找油

在中国的中东部地区,有一个面积广阔,涉及北京、天津两个直辖市和辽宁、山东、河北、河南四省的盆地——渤海湾盆地。它是华北地台东缘最大的中新生代断陷区,覆盖了辽河、冀中、黄骅、济阳、临清五大沉积坳陷和广大渤海海域(2/3面积位于陆上平原地区,另有1/3分布于平均海深17米的渤海海域),面积约为20万平方千米,其面积广阔、沉积岩厚、生油条件好,具有很大的勘探开发价值。

在6亿年以前,华北平原是一片辽阔的海洋,由于地壳变动沧海变桑田,许多丰厚的有机物得以沉积下来,后来又在"燕山运动"[①]和"喜马拉雅运动"[②]的影响下,使原本平坦的华北平原岩层形成了许多褶皱,进而发生隆起和断裂,在此过程中,陆地上的一些有机物也得以沉积下来。经历了地质历史时期沧海桑田的地壳运动之后,现在的渤海湾盆地看上去依然是沃野千里的平原和一汪蔚蓝色的海域,然而深埋地下的地质构造却异

---

① 燕山运动是晚三叠世到白垩世时期中国广泛发生的地壳运动。从2亿1000万年左右开始,到6500万年前结束,在地史上主要属于侏罗纪末到古近纪初这段时期。在我国许多地区,地壳因受到强有力的挤压褶皱隆起,成为绵亘的山脉,北京附近的燕山便是典型的代表。

② 喜马拉雅运动是中国地质学家黄汲清先生于1945年提出的,用于表示中国境内新生代的造山运动。这一概念为地球科学家普遍接受,但在构造运动分期与地球动力学背景的认识上存在分歧。这一运动中,中国东西地势高差增大,季风环流加强,自然地理环境发生明显的区域分异:青藏隆起为世界最高的高原,西北地区因内陆性不断增强而处于干旱环境,东部成为湿润季风区。

寄情水际砂石间　李庆忠 传

图 5-1　1966 年，李庆忠绘制的渤海湾及周围地区区域构造

常复杂。自 20 世纪 30 年代以来，中国的地质学者为了搞清楚这一地区的地质构造、寻找油气资源，进行了无数次的勘查和预测并给出了乐观和富有远见的评价。

早在 1935 年，我国著名石油地质学家黄汲清就对渤海湾盆地的含油情况做出了判断："据大地构造学理论，我认为中国的东北、华北、西北和西南地带都有可能储油。"1943 年 10 月，后来被誉为中国石油地质奠基人的孙健初结合自己在美国学习的经历以及中国抗战时期油品短缺的现实撰写了《发展中国油矿计划纲要》，在纲要中，他绘制了《中国石油理想分布图》。这张图把含油地区划分为三类：一是最有希望的区域，二是颇有希望的区域，三是或有希望的区域。结合当时的地质资料情况，他把华北地区划为或有希望的地区。1945 年，我国另一位著名的地质学家谢家荣通过在华北平原的实地调查，在冀东奥陶系石灰岩地层中发现了油苗，并在《唐山油苗》报告中提出了在华北平原寻找古生界油藏的建议；1953 年，他又在《探矿的基本知识与我国地下资源的发现》一文中对华北平原的石油矿藏进行了更加深入的分析。1951 年，中国著名区域地质、构造地质学家李春昱[①]在其撰写的《中华的石油资源远景》中指出："华北平原就构造上说是一个完整的大盆地，在这个平原之下的地层，有寒武系、奥陶系都是海相，石炭二叠系地层一部分为陆相，一部分夹有海相，都有生油的可

[①] 李春昱（1904—1988），河南卫辉人，区域地质、构造地质学家，在中国倡导板块构造学理论研究的最主要代表人物。早年在四川盆地和川西高原进行长期地质矿产调查，预测了中山煤矿，后经钻探得到证实。20 世纪 50 年代，领导陕西煤田地质勘探工作；60 年代参加组织领导全国区域地质调查工作。

能。"老一辈地质学家的判断和预测，为新中国成立后特别是20世纪50年代中期之后在华北平原开展大规模石油地质勘探指明了方向。

1955年起，地质部、石油工业部和中国科学院开启了在华北平原的地质普查和理论研究工作。他们从华北平原的整体布局考虑，综合运用重力、磁力、电法、地震、化探等方法以及电测深大剖面进行了详细勘探。1956年，3个部门又组建了石油地质委员会，并决定在前期地质勘探的基础上开钻华北平原的第一口基准井——华1井，位置选在河北省沧县至南宫明化镇隆起构造上，1956年10月26日开钻，1957年11月30日完钻，但令人遗憾的是未见工业油流。1958年2月，邓小平做出了石油勘探东移的战略部署，石油工业部和地质部在加强松辽盆地勘查的同时，加紧了对华北地区的勘探。1958年5月—1960年3月，石油工业部下属的华北石油勘探处陆续在河南开封坳陷钻探了华2井和华5井，在山东临清坳陷钻探了华3井、华4井和华6井，均未有大的发现，但是钻探获得的地质资料为找油的重点转移到华北平原东部的渤海湾地区提供了借鉴。1960年5月24日，在惠民坳陷的沙河街构造上钻探了华7井，并且首次发现下第三系沙河街组生油岩层，此举提振了大家在华北平原找油的信心，进一步证实了渤海湾盆地东部的油气远景评价，也证明了济阳坳陷、黄骅坳陷是石油勘探的重点区域，当时华北石油勘探处地质综合研究队甚至做出了"华北即将发现油田"的预言。与此同时，地质部在详查的基础上发现了东营坳陷的东营构造以及黄骅坳陷的盐山、羊三木构造，可谓捷报频传。

1960年夏，地质部牵头在河南郑州召开了华北物探资料综合研究成果汇报会议，会上重点研究了东营构造和华7井的情况，并做出了在东营地区打一口深井的决定。同年11月，地质部和石油工业部在天津市举行华北勘探工作协调会，地质部副部长旷伏兆[①]主持会议并力主将东营构造交给华北石油勘探处钻探，开打华北平原的第8口基准井——华8井。钻井队员克服了当时因自然灾害引发的物资短缺、饮食不足、设备落后以及天气严寒等困难，1961年2月26日，华8井开钻，4月16日在东营组地层

[①] 旷伏兆（1914–1996），江西省永新县人，中国人民解放军中将。1960年4月任国家地质部副部长，组织领导地矿、石油资源勘探工作。

寄情水际砂石间　李庆忠传

图 5-2　胜利油田华 8 井纪念碑

1207.8—1630.5 米井段射开油层，日产原油 8.1 吨。华 8 井出油，证实了华北平原的勘探重点从西部转向东部，特别是有针对性地开展环渤海湾地区勘探的方针的正确性。这也是自 1955 年开展勘探以来，在华北平原打出的第一口喷出工业油流的井，它的发现标志着胜利油田的诞生，也掀开了渤海湾地区找油的序幕。

华 8 井出油之后，华北平原的油气勘探形势开始好转，为进一步了解该地区的石油储存情况特别是沙河街组的含油气情况，华北石油勘探处又分别在辛镇构造和东营构造上钻探了辛 1 井和营 1 井。辛 1 井位于东营构造带东部辛镇局部构造上，该井在 1961 年 7 月 23 日完钻后，在下第三系沙河街组发现油层，证明了该地层是东营构造带主要的含油层系。营 1 井位于东营构造带东营背斜构造的南部断块上，1961 年 9 月 10 日完钻后，经过试油日产原油 4—7 立方米，尽管产量不多，但这口井却是下第三系沙河街组第一口涌出工业油流的井，证实了沙河街组含油的设想。辛 1 井和营 1 井出油，扩大了东营辛镇构造带的含油范围，为东辛油田的发现和开发奠定了基础。

华 8 井、营 1 井和辛 1 井出油，使华北石油勘探的形势一片大好，极大增强了石油工业部领导在华北找油的信心和勇气。在 1961 年 10 月 5—8 日召开的部党组会上，部长余秋里指出："要利用两个战役之间的间歇，准备战场，继续前进""要搞清山东地下情况，把构造搞清楚，油层物性搞清楚，并搞到一点面积，确有把握再动手大干"。当时正在举全国石油勘探界的力量开展大庆石油会战，但是华北平原作为后备战场的勘探开发也不能放缓，于是石油工业部只好进一步压缩西部、西北部的勘探力量，加紧执行石油勘探东移计划，抽调人员和设备支援华北石油勘探。此外，还

82

图 5-3　胜利油田营 2 井

把位于上海的华东石油勘探局队伍调至山东，与华北石油勘探处合并组建新的石油勘探局，进而凝聚力量，加强对东营坳陷北缘地区的勘探。

自 1962 年，勘探队员在东营坳陷北缘地区开钻了一批预探井，营 2、营 4、营 5、营 6 井以及辛 2 井、河 1 井等均见到油层或油流。诸多探井中，最值得详细描述的当属营 2 井。1962 年 9 月 23 日，营 2 井因为发生井喷被迫完井试油，日产原油 555 吨，书写了当时中国境内油井日产量的最高纪录。人们为了纪念营 2 井出油的这一天，就把为了保密而命名的"广饶农场"称为"九二三厂"，也就是后来的胜利油田。

营 2 井出油之后，石油工业部又从青海、玉门、银川、四川等石油局抽调了大批勘探、钻井和采油人员支援东营地区的勘探工作。1962—1963 年，在东营地区共打了 14 口探井，有 9 口井见到了油层，初步探明含油面积 11 平方千米、石油地质储量 1200 万吨。1963 年 10 月 25 日试油的营 5 井（后改称坨 7 井），日产原油 36 吨，成为坨庄－胜利村构造上第一口出油的井。以此为基础，勘探队员在其周围继续勘查，最终发现了更广阔的含油面积，这就是胜坨油田。因为胜利村就在这个油田上，所以日常生

第五章　转战华北

活中人们就习惯性地把山东省内发现的各大油田统称为胜利油田,一直持续到1971年6月11日,九二三厂才正式更名为胜利油田。

1963年10月,大庆石油会战宣告胜利结束,大庆油田外围的勘探工作也已完成。石油工业部做出了石油队伍挥师南下,开赴华北平原,在渤海湾盆地找油的工作部署。当时之所以没有在华8井出油的时间段立刻开展华北石油会战,一是因为大庆石油会战正在紧锣密鼓地进行中,其外围构造还没有搞清楚,抽不出人力;二是当时国家处在经济困难时期,没有足够的财力、物力同时开展两场石油会战;三是因为历经五六年的勘探,华8井是华北第一口获得工业油流的探井,对华北平原特别是东营地区的地质构造情况、储油远景还不是很熟悉,尚没有十足的把握,所以不敢仓促行动。

1964年1月15日,石油工业部党组在讨论1964—1965年石油工作计划时,做出了开展华北石油勘探会战的决定。1月22日,石油工业部党组向中共中央提交了《关于组织华北石油勘探会战的报告》,在报告中对渤海湾盆地的地质概况、会战部署和会战领导等都做了说明。1月25日,中共中央批准了这个报告。

历经多年的准备和酝酿,1964年年初,华北石油勘探会战在辽阔的渤海湾盆地上拉开了大幕。会战的领导机关是华北石油勘探会战总指挥部,下辖东营、河北两个勘探指挥部。由康世恩副部长担任工委书记、总指挥,总指挥部机关设在东营,对外代号用九二三厂,取消之前广饶农场的称号。其中东营勘探指挥部下辖24个机关处室,6个二级单位(地质指挥所、钻井工程处、试采指挥部、机修厂、供应指挥部、职工医院),4个厂直接领导的三级单位,18个隶属二级单位的三级单位,71个基层队、车间。会战在南北两个主战场同时打响,一是山东境内的济阳坳陷上的东营坳陷;二是天津、河北境内的黄骅坳陷,主要是北大港构造带和羊三木构造带。

三维地震勘探与两步法偏移技术

1963 年 11 月初,李庆忠跟随松辽石油勘探指挥部地调处的同事抵达设在河北省徐水县的机关驻地,这时的他依然担任综合研究队的副队长,一方面是做好大庆石油会战资料的梳理和总结工作,并对在东北时没有搞清楚的问题继续进行研究分析,为下一步开展华北石油勘探会战积累经验;另一方面是通过各种渠道收集华北地区的地质和地震勘探等资料,加深对华北地区地质构造的了解。

1964 年 2 月 24 日,华北石油勘探会战总指挥部将其下辖的河北勘探指挥部的对外代号改为六四一厂,机关驻地设在天津北仓,并规定位于河北徐水的松辽地调处由六四一厂统一领导,改名为"石油工业部六四一厂地质调查处"(1965 年 1 月 28 日,石油工业部又把六四一厂地质调查处的代号确定为石油工业部六四六厂,1973 年又改为石油地球物理勘探局,即今天的东方石油地球物理公司的前身)。

1964 年 3 月,李庆忠从石油工业部六四一厂地质调查处被调往东营参加华北石油勘探会战,他先是在地质指挥所任构造室副主任,后又改任该所副指挥。当时,地质指挥所里汇集了石油系统开展地质科学研究的精兵强将,既有范元绶[①](地质指挥所所长)、李德生[②]、余伯良[③]、王纲道、王尚文[④]

---

① 范元绶(1919-1991),历史学家范文澜之子。1950 年任玉门油矿军代表、矿务局副局长。1960 年后历任大庆油田副总指挥、石油工业部副局长、胜利油田副总指挥、石油部勘探开发研究院副院长等职。

② 李德生(1922-),江苏苏州人,石油地质学家。长期从事石油勘探开发和地质研究工作,大庆油田发现过程中的地球科学工作者之一。20 世纪 60 年代中期和 70 年代,参与创立了渤海湾油区复式油气聚集(区)带的理论并指导实践。对我国陆相生油理论、含油气盆地构造类型、陆相湖盆储层研究、古潜山油气藏以及裂隙性储层特征研究等方面都做出了重要贡献。

③ 余伯良(1920-2003),生于广东省台山市大边村,石油地质专家,是大庆油田的重要发现者之一。作为主要完成者之一的科研成果"大庆油田发现过程中的地球科学工作"获国家自然科学一等奖,提出定量鉴别生油层有机质丰度和沉积环境参数方法,获得推广应用。

④ 王尚文(1915-1983),生于河北临城,石油地质学家。1939 年毕业于西南联合大学。20世纪 60 年代,参加了华东、华北的油气勘探工作,为建立中国东部新油区做出了贡献。

等知名的石油地质专家,也有邱中建[①]、阎敦实[②]、胡见义[③]、李庆忠、俞寿朋、刘成正等青年才俊,可谓人才济济。李庆忠所在的构造室主要负责研究东营地区的地质构造情况,在他和同事们的努力下,不仅纠正了之前地质勘测的许多错误,还发现了高产油田。1964年,坨庄-胜利村战役打响,该地区位于垦利县境内,处于济阳坳陷东营坳陷北侧、坨庄-胜利村-永安镇断裂构造带西段,是由东西两个高点组成的背斜构造。勘探队员仅仅历时两个月就基本探明了坨庄构造,掌握了15平方千米的含油面积。在接下来的胜利构造勘探中,李庆忠等人通过查找研究过去的井史资料,发现有几口井是有油层的,但是当初不知为何没有进行试油,于是组织人员马上开展试油,试油后发现是高产油井。

李庆忠和同事们经过分析研究发现过去的电测解释不过关,他们在此基础上进行了复查,发现有的井竟然是100多米的高产含油层。鉴于他们的研究成果,余秋里专门召集了一次会议,重点听取了构造室主任王纲道关于胜利村构造的汇报。会上,王纲道提交了构造室同仁群策群力绘制的完整地质构造图,为石油工业部领导进行科学决策提供了依据。在此基础上,胜利村构造上共打了20多口井,掌握含油面积40平方千米,还产生了坨11井和坨9井两口千吨井。这两口井的成功钻探极大地鼓舞了广大勘探队员的士气,为会战的持续开展增强了信心。广大会战职工齐心协力、奋勇争先,很快就探明了坨庄-胜利村构造的含油情况,拿下了胜坨油田。

[①] 邱中建(1933-),生于江苏省南京市,石油地质学家。是石油系统最早进入松辽盆地进行综合研究的人,是大庆油田的重要发现者之一,也是胜坨油田的发现者之一。1964年受石油工业部委派,赴山东东营参加胜利油田会战并进行地质综合研究工作,被任命为地质指挥所综合室副主任。1999年当选为中国工程院院士。

[②] 阎敦实(1931-2020),1954年毕业于西北大学地质系,1959年赴苏联进修学习一年,回国后分配至石油科学研究院地质勘探研究室工作。华北石油会战期间负责具体的石油地质勘探业务。1978-1994年任石油部副部长、总地质师,总管全国石油勘探,对我国现代石油工业体系的基本成型做出了杰出贡献。

[③] 胡见义(1934-),生于北京市,石油天然气地质与勘探专家。1959毕业于苏联莫斯科石油学院获硕士学位。研究总结和建立中国陆相石油地质和成藏理论,为发现我国鄂尔多斯盆地大气田和国外气田做出了贡献。1997年当选为中国工程院院士。

胜坨油田的成功勘探，让石油工业部领导看到了开展石油科学技术研究的重要性和紧迫性，故决定组织科研攻关，打一场科学技术的硬仗。余秋里从北京的石油科学研究院调集了部分科技人员，会同地质指挥所构造室的部分人员组建了牛庄攻关队，交由王纲道、李庆忠领导管理，因当时身为室主任的王纲道工作繁忙，对这支队伍的具体管理工作就落在了室副主任李庆忠肩上。那段时间，李庆忠每天都在距离地质指挥所约15千米的牛庄工作，当时攻关队主要在研究模拟磁带地震仪，虽然在北京有一定的基础，但是因为没有进行实践检验，所以总过不了关。到达东营后，李庆忠与大家一起在野外实践中进行研制，白天测试，记录下发现的问题，晚上回来研讨、整改，历经长期努力，终于使我国第一台模拟磁带地震仪试验过关，使我国的地震仪进入了第二阶段（地震仪更新换代分为光点地震仪、模拟磁带地震仪和数字地震仪三个阶段）。此外，李庆忠与攻关队成员还一起试验成功了中国第一台超声波测井仪、感应测井仪、伽马射线测井仪和侧向测井仪等多项组合测井技术，样机送往西安石油仪器厂，经过数次改进后于20世纪70年代初大批生产，实现了中国地面及井下地球物理勘探设备的首次更新换代。

　　东营地区的地质条件十分复杂，属于典型的复杂断块油田，断层多、断块小、破碎严重。康世恩副部长曾做过一个生动的比喻，"如同一个盘子掉在地上摔碎了，又被人狠狠地踢了一脚，七零八落"。他还形象地把当地的油田概括为"五忽油田"——目的层忽油忽水、油井产量忽高忽低、油气层忽有忽无、油层厚度忽厚忽薄、原油性质忽稠忽稀。在如此复杂的地质条件下，勘探队员使用的还是传统的"五一"型光点记录地震仪，单次覆盖，技术水平有限，无法解决复杂断块油田的地下准确成像问题，以至于断层总是定不准，有的断层一两百米长，更有甚者是四五百米的大断层，不是深度有误差，就是断层位置不对。当时李庆忠已经担任了地质指挥所的副指挥，每天顶着很大的压力。甚至有同事对李庆忠说："老李，我就不信你们地震勘探的构造图，打井一打一个错。不是深度相差很大，就是根本没见油。"

　　面对困难和他人的不解，李庆忠没有灰心丧气，而是迎难而上，经过认真总结分析东营地区的地震资料、探井资料，提出了改进地震勘探的8字方针"去噪、定向、辨伪、归位"。数不清多少个夜晚，李庆忠与同事俞寿朋、刘成正等人在干打垒的房子里点着煤油灯，仔细琢磨、探讨、计算东营的石油地质情况。在"技术干部要为人民服务"这一信念的指引下，他们通过调查发现，地震勘探中复杂断块上产生的次生干扰波不是从炮点出发，而是来自四面八方，于是他们提出了采用6—8个检波器的面积组合的施工方案。此外，针对地震仪上接收到的反射波反射记录显示的反射位置不在排列的正下方的问题，李庆忠提出了"空间归位"的思路。他和同事一起设计了一套测线距为260米的小三角加密测网开展野外采集工作，三角形各边长为300米，每个交点也是三个方向测线上的发炮点（这样可以从三个方向立体解释反射面和断层面）。当时普遍使用的是"五一"型地震仪和国产的DZ571光点记录仪、DZ661模拟磁带记录仪，同时采用解放波形、面积组合的接收方式。在后续的资料解释工作中，由三个方向对反射波进行识别，计算出侧向偏移距离，然后再依靠人工进行偏移归位，俗称"剖面搬家"，这也是世界上已知的最早的一种三维地震勘探。应用此种技术方法，李庆忠和同事于1967年在东辛油田获得了第一张三维偏移校正的沙一段构造图，这也是我国第一张三维归位地震构造图。

正当李庆忠和同事们在三维地震勘探领域的研究有点起色的时候，"文化大革命"的风暴席卷而来，刚刚起步的科学研究工作也被无情地扼杀在萌芽状态。其间，李庆忠被下放到聊城地震队参加劳动，俞寿朋、刘成正等人也受到了不公正的待遇，成为被批判的对象。聊城地震队的队长卢春喜对李庆忠比较关心，尽量不让他从事繁重、高强度的体力劳动，白天就是跟着地震队去放检波器，收听地震反射情况。但由于当时的生活条件比较困难，李庆忠患感冒后没有得到及时治疗，以至于咳嗽持续了一两个月之后转为肺气肿，至今他的肺部都不是很好。

一年多以后，李庆忠恢复职务，重新捡起之前的三维地震勘探课题继续研究。1974年，李庆忠在实验中利用当时国产模拟磁带仪进行多次覆盖采集，并设计了"束状三维地震"采集测线以克服多次波干扰，从而获得深层的地质资料。这比当时美国三维地震勘探中使用的"十字放炮法""环线地震法"都要先进，因为上述两种方法都无法解决多次波的干扰问题；同时期法国的"宽线剖面法"也只能算作是半三维的方法。而世界上真正的"束状三维地震"要从东营的新立村谈起。

1963年，新立村地区曾经打过几口井，但是并没有见到工业油流。事隔十年之后，1973年又在当地钻探了5口井，只在沙四段见到零星的含油层，勘探人员就此认为这一地区发现油田的可能性不大，进而转战其他地方继续找油。

1974—1976年，李庆忠运用"束状三维地震"方法在此地采集了大量的数据资料，遗憾的是当时正值"文化大革命"，一方面没有人发现这些数据资料的重要价值，另一方面也没有大型计算机来处理和计算这些数据。直到1982年（那时李庆忠已经离开胜利油田调往涿州物探局工作），张明宝在重新核算校正了这些采集资料，并在中型计算机上经过处理于1984年绘出了T_4构造图，并依据此定出探井的井位，最终在沙三段上发现高产油层。其中永101井油层厚度高达81.8米，平均厚度为30米，在新立村地区一年之中探明储量1100万吨，当年就建成了18万吨的年生产能力。

1978年10月26日—11月23日，李庆忠受邀参加在美国旧金山举行的第48届美国勘探地球物理学家协会年会。出发前，李庆忠和同事俞寿朋、刘雯林、刘成正总结了东辛油田三维地震偏移校正查明复杂断块油田的实例经验，并在年会上代表中国地球物理勘探界做了第一个出国技术报告。三十分钟的报告，不仅震惊了会场，也赢得了国外同行的高度赞誉。外国的专家学者惊奇地发现，长时间受技术封锁的中国地球物理学界不但没有落后，反而依靠自己的聪明才智在三维地震勘探方面走在了世界前列。当李庆忠走下台来，不仅有外国专家主动走上前来握手祝贺，还有许多石油公司的负责人找他索要报告的复印件，他们认为这种三维地震勘探方法非常适合没有大型计算机的小规模企业和油田使用。邀请中国代表团去美国参会的哥伦比亚大学美籍华人教授郭宗汾[①]握着李庆忠的手说："祖

---

① 郭宗汾（1922-），生于中国浙江，1949年赴美留学，1958年在斯坦福大学获地球物理学博士学位，1964年开始在哥伦比亚大学任教，1967年加入美国国籍。郭宗汾不仅拥有广泛与深厚的科学造诣，而且在推进中美科学技术交流与合作方面做了大量的努力和工作。1999年中国政府授予他"外国专家友谊奖"。

第五章　转战华北

国的地球物理工作做得很好,你的报告很精彩",并邀请他去哥伦比亚大学做报告。雪佛龙石油公司的琼斯先生也希望李庆忠去洛杉矶做一场报告。在酒会上,SEG学会会刊的总编辑多米尼克真诚地向李庆忠约稿,希望能早日把这次报告的内容刊发在他们的杂志上。回国后,李庆忠依据报告内容整理成了英文稿并报送给外事部门审批,遗憾的是后来却迟迟没得到答复,最终不了了之。1979年4月,《东辛油田地震勘探历程———一个复杂断块构造的三维地震解释实例》在《地球物理学报》第2期上得以发表。

凭借自己的智慧和才华,李庆忠不仅发明了令外国同行震惊的三维地震勘探技术,还提出了领先世界的"两步法偏移"技术,不断把我国的石油地球物理勘探事业向前推进。

1978年3月18日,中共中央在北京召开全国科学大会,石油地球物理勘探界也如沐春风。同年5月,李庆忠作为中国第一个地球物理出国访问组的成员,跟随石油工业部勘探司总工程师陆邦干、物探局局长林运根出访美国和法国。在休斯敦访问期间,世界最大的地球物理承包商西方地球物理公司副总裁萨维特博士向中国代表团展示了一条一米左右的三维全偏移剖面。萨维特指着镶在漂亮镜框里的剖面自豪地说:"这是我们公司也是世界上第一条'三维一步法'偏移剖面,它的价值之高,可以说比黄金还要珍贵。"因为处理这样的剖面需要输入10多万个地震道,并进行上亿次的乘加和开方。看完之后,李庆忠暗暗惊叹,他不是对西方的物探技术表示惊讶,而是为自己四年前的研究成果感到高兴。原来,早在1974年他就和同事刘雯林、朱景尧、柴振奕提出了用两步法偏移实现三维偏移的归位问题,而且论证了它与"三维一步法"全偏移的误差均在允许精度范围之内,使我国在只有中小型计算机的条件下实现了三维地震数据的偏移成像,其效率比西方的"一步法"高出数百倍。他的这一研究成果曾整理成《三维绕射扫描迭加》刊发在1975年《石油地球物理勘探》第4期上,这也成为世界上首次提出该方法的理论模型试验。试验中,他们通过一个三维小断块理论模型,用121电子计算机做出了一套反射理论记录,采用近似的三维绕射扫描迭加方法有效地实现了反射界面的自动能量收敛和自动归位。

图 5-4 1978 年，李庆忠（右一）在美国休斯敦调研

1979 年 9 月，中国南海的石油开发开始寻求中外合作，引入国外技术力量进行勘探。因为李庆忠有两次出访美国的经历，外事司就派他前往美国埃克森石油公司（设在休斯敦）开展工作，一方面监督美方的资料处理，另一方面学习美国的先进技术和经验。在美工作期间，李庆忠出席了 1979 年 10 月在新奥尔良召开的第 49 届 SEG 年会。会上，西方地球物理公司的文·拉纳做了关于两步法偏移技术的报告。坐在听众席上的李庆忠悄悄地告诉身边的石油界老前辈顾功叙先生："中国其实很早就提出了这种方法，至少比他们早 5 年。"会后，李庆忠把自己发表的关于"两步法偏移"技术的文章寄给了拉纳。拉纳虽然不懂中文，但他一看文章的图幅马上就明白了，原来早在 5 年前中国的科学家就发明了这种方法。后来，拉纳在自己刊发的文章序言中写下了"最早提出两步法偏移的是中国的李先生"的句子。

时至今天，在我国三维地震资料处理中，"两步法偏移"技术依然拥有十分广阔的市场和旺盛的技术生命力，一是因为它比"一步法"要快许

第五章 转战华北

寄情水际砂石间　李庆忠传

图 5-5　1979 年，出国前夕的李庆忠

多，二是还可以获得常规的二维偏移剖面以用作质量控制。

两次出国经历，让李庆忠看到中国石油勘探技术进步的同时，也感受到了不足，特别是与国外在大型计算机等先进技术设备上的差距。他暗暗下定决心，一方面继续发挥自己的聪明才智，奋起直追，继续努力钻研先进的石油地球物理勘探技术；另一方面要不断地创造机会、争取机会向国外同行学习，借鉴先进经验，转化为自己的知识财富，为祖国找出更多的石油。

当时在中国各大油田都有自己的研究队伍，李庆忠所在的胜利油田也不例外，但是国内从事石油物探技术研究的精兵强将却大部分集中在河北涿州新成立的石油地球物理勘探局（1973 年成立，简称物探局）。鉴于李庆忠在新疆、大庆、东营地区石油勘探的卓越表现，特别是在华北石油会战期间做出的一系列震惊业界的研究成果，在物探局总工程师孟尔盛的举荐和力邀之下，1979 年 5 月，李庆忠由胜利油田调往物探局担任副主任工程师。事隔多年，忆起当年工作调动的情景，他说："我就像放鱼回海一样去了物探局，毕竟物探还是我的老本行。"从此，年近半百的李庆忠在物探局这个新的大家庭里，以新的角色、新的定位、新的目标开启了新的科研征程。

从"几何地震学"到"波动地震学"

余秋里和康世恩通过组织召开多次大型技术座谈会，与各位专家对已有的地质资料进行了深入分析、会诊。针对渤海湾盆地地质条件的复杂性，余秋里提出了"七个不大清楚"：一是地层和岩石性质的变化规律不大清楚；二是断层多、构造形态不大清楚；三是油层的分布状况不大清楚；四是油水层的分布关系不大清楚；五是油藏类型不大清楚；六是油层的物理性质和原油性质变化规律不大清楚；七是油田面积不大清楚。与此同时，华北石油会战工委也提出了在渤海湾盆地找油的五大优越条件：一是渤海湾盆地沉积面积大，生油条件好；二是含油地层多，从老地层到新地层，从海相地层到陆相地层都有油；三是油气显示范围广，沿渤海湾约10万平方千米的区域内，所钻探的探井几乎都见到了油气显示，比国内任何一个盆地见到的含油气范围都广泛；四是储油层物理性质好，发现了高产区，有的井单井产量破全国最高纪录；五是油藏类型多，勘探领域广阔。鉴于此，华北石油会战工委认为，渤海湾盆地找油的有利条件，同它的复杂性、断层多相比，有利条件是占主导的，即使地质条件再复杂，也是有规律可循的，希望广大会战职工用辩证法思维指导生产实践，学会透过现象看本质，从复杂中找出简单，变不利为有利。

为了尽快摸清当地的地质构造情况，在地震勘探中，会战工委提出了"篦梳战术"，通过加密测线，加大测线间隔密度（由一般的2000—3000米加密至500米），一遍一遍地反复进行。面对每天采集到的大量数据和资料，在没有计算机的情况下，广大物探技术人员就用手工标、尺子量，通过简单的计算器来处理数据，然后进行对比、分析，进而查找地质构造和含油层。

面对东营地区的复杂地质构造情况，如何解决查明复杂断块的方法问题，使地震勘探资料更好地指导钻探，李庆忠独辟蹊径，从地震波的性质进行思考、研究，提出了波动地震学理论。长久以来，人们一直在使用几何地震学的概念来解释地震波，如地震波像光一样，以"射线"的形式在介质中传播，反射角等于入射角，如同乒乓球的反弹射状；记录上600米的同相轴对应地下300米的反射段等。这种类比方法也是传统的地震勘探成像计算的理论基础，此类概念用于解释简单地质构造地区的地震记录是非常适用的，但是复杂断块区就不那么灵验了。

李庆忠结合在清华大学读书时，叶企孙教授讲述的光学课程中提到的几何光学发展到物理光学的过程，从物理光学和几何光学的差别出发，考虑光的衍射作用，并联想到地震波的波长很长，一般为80—150米，与其说类似乒乓球的弹射，不如说是以波动的性质在地层中传播。一旦遇到断层就会产生绕射波，造成地震记录上"层断波不断"的现象，并且小断块反射能量下降，消失在干扰背景之中。地震波是一个波动，不是一条一条的射线，但是在传统的地震勘探解释工作中，一直沿用了光线的直线行进概念，忽视了光波也有绕射现象（绕射和衍射是一回事，都是指光线不沿直线前进，而绕过障碍物的现象，不过地震勘探习惯狭义地把绕射看成是从断棱或岩性尖灭点上发出的波，为了有所区别，李庆忠在研究中将衍射这一名词用作广义的绕射意义）。组成反射波波形的地下基本信息单元是一个"绕射波"，无数个绕射波叠加在一起就形成了反射记录。物理地震学正好从理论上对几何地震学作了补充，从地震波的波动性质出发，解释反射波的形成及特点。鉴于此，李庆忠考虑到，如果不把绕射波收敛起来加以归位，便不能真实地反映地下断块的形态。

　　在此基础上，经过深思熟虑之后，李庆忠大胆假设，提出了有关波动地震学的一系列重要推论——"一个反射主体，两个绕射尾巴""地层断，波形不断""反射记录上的同相轴和地下反射段不都是一一对应""短小断块的反射波消失在背景之中"等。李庆忠还创设了一种用绕射波成像的偏移技术——"绕射波扫描叠加偏移"技术。但是，他的这些想法在当时并没有被大家接受，有的人认为他是毫无科学根据的胡思乱想，甚至嘲笑他说："哪里来的那么多尾巴？"

　　尽管周围大多数人不理解，甚至觉得李庆忠是异想天开，但是长期以来在科研工作中一直支持他的俞寿朋、刘雯林、柴振奕等选择站在他这一边。1965年，他们共同计算了大量地震波的衍射花纹，从理论上证实了地震波的波动性质和特征。1966年，李庆忠经过多次试验考证，完成了《波动地震学》的初稿，论述了"地震反射波和地下反射段并不都是一一对应"的道理。当他和同事正准备深入研究这一理论，把写成的初稿进一步加以完善和加工的时候，席卷全国的"文化大革命"开始了。李庆忠被打成"三脱离"的典型、"反动学术权威"和"抹断层专家"，并批判他的《波动地震学》初稿在开头就大胆地宣称'传统的几何地震学方法必须予以批判'口气太狂妄",还没收了他的手稿和图幅,作为"三脱离"的活教材进行公开展览。造反派还进行夺权,要求李庆忠搬离了办公室。一连串的批判和打击让李庆忠百口莫辩,既感到可悲,又十分生气,他一气之下把自己多年来积累和珍藏的 11 箱技术类的书籍当废纸全部卖掉(总共换得了 11 元钱),发誓从此不再搞研究了,只身一人前往聊城地震队参加劳动。

  在聊城地震队劳动了一段时间后,胜利油田落实政策,又把李庆忠调回了东营,组织上希望他继续之前的研究工作,把没写完的东西写完,并让刘雯林、王良全两位同志协助他开展资料整理、绘图、数据计算等工作。见气氛有所缓和,刘雯林就把替李庆忠精心保存的《波动地震学》手稿和图纸交还给了他。时隔多年,李庆忠每每谈起这件事,都对刘雯林心存感激:"他的功劳不小。我们之前计算的那些东西,他都帮我保留了,正因为这样,后来我才能在半年时间里把它重新整理出来。"[①] 1972 年,在同事的帮助下,李庆忠终于完成了《地震波的基本性质——复杂断块区的反

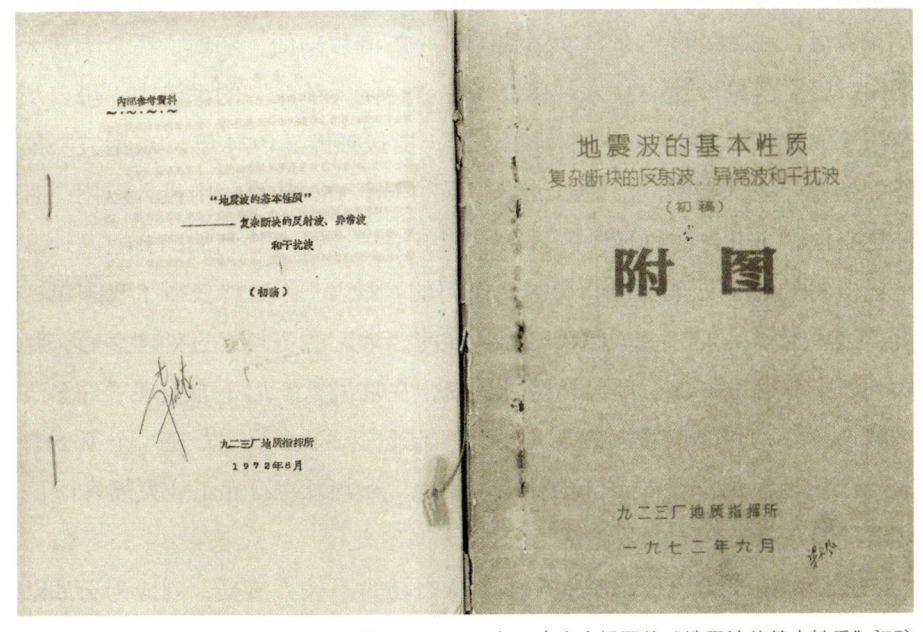

图 5-6　1972 年,李庆忠撰写的"地震波的基本性质"初稿

[①] 李庆忠访谈,2014 年 10 月 10 日,青岛。资料存于采集工程数据库。

第五章　转战华北　　95

射波、异常波和干扰波》这篇 21 万字的长篇论文。当年即誊印了 100 份，送至各油田矿区，在全国整个石油地球物理勘探界引起了不小的轰动。大港油田组织技术人员对这篇文章进行专题学习，辽河油田还派出了一个考察组到胜利油田听李庆忠讲课。石油物探界的老前辈孟尔盛对这篇文章给予了高度赞扬，认为这是中国地震勘探史上的重要论著。1974 年 4 月，《石油地球物理勘探》杂志以 1 期至 2 期合刊的形式，刊登了该文。在那之后，国内各石油院校的教科书，在阐述地震波的性质及特征时，均采用了李庆忠这篇文章中的理论和附图。谈及李庆忠这一发明的重要性，有学者指出，这就好比分析一个人走路，过去几何的方法只能获得该人行走的路线的一些基本信息，像快慢等，现在加入了波动的因素，步调的大小、身体摆动的幅度等就都被描述出来了，更形象、更逼真。

1972 年，李庆忠在波动地震学的基础上提出的"绕射波扫描叠加偏移"技术也在胜利油田的勘探开发中得到了检验和应用，这种波动方程偏移技术的最初形式几乎与国外同时提出。1973 年，胜利油田地调指挥部的赖正乐工程师等人在没有电子计算机的情况下，用国产模拟回放仪实现了偏移成像，成功处理出东辛油田我国第一条偏移剖面，随后，在全国各大油田矿区广泛推广这一技术。尽管尚在"文化大革命"的洪流中，可自从李庆忠的论文写完之后，可谓好事连连、捷报频传。1974 年，"绕射波扫描叠加偏移"技术在刚成立的石油物探局的国产 150 计算机上投入应用，时任燃料化学工业部总地质师阎敦实提议组织一场针对胜利油田商河西地区地震资料的数字处理会战，历经四个月的"战斗"，最终获得了我国第一批整区块数字处理的叠加偏移剖面。商河西地区的资料经过处理之后，断层判断十分精准、深层反射也特别清晰，在临邑大断层下方发现了许多高产断块，在两年时间里就探明石油地质储量达 5400 万吨，在一个很少有人问津的地方建起了年产 40 万吨的油田，为中国的石油工业发展和国民经济建设创造了巨大的效益。

波动地震学（也称物理地震学）从当初的不被人接受，到成为石油勘探界争相学习的知识与经验，走过了 7 年的坎坷道路。7 年里，李庆忠顶住来自各方的压力和干扰，凭着"打破砂锅问到底"的精神，潜心研究、埋头苦干，使这一重要的技术方法得以问世，进而指导胜利油田乃至全国其他复杂断块油田的勘探开发。回首来时路，李庆忠在1974年4月刊发的论文《地震波的基本性质——复杂断块区的反射波、异常波和干扰波》的结束语中这样写道：

> 回顾在复杂断块地区地震勘探十年来的进程，使我们深深感到，过去教科书上一些传统的、陈旧的做法和概念束缚着人们的思想，形而上学和不可知论在某些领域中起作用，阻碍着人们进一步去认识客观世界。事物在发展，人们对客观（事物）的认识也应该不断深化。
> 总之，我们应该满怀信心，按"四个有所"的精神，不断克服停止的论点，悲观的论点，无所作为和骄傲自满的论点，那么任何困难总是可以解决的。

在东营的15年里，李庆忠虽然从事石油地球物理研究工作，但是他的工作对象却多为地质、地层、构造等，加之他和同事们几乎天天都在讨论研究石油层位、电测效果，这使他对石油地质学有了更加深刻的理解和认识："地球物理学和地质学只有密切结合，才能对地震勘探资料进行科学合理的解释。地球物理是地质的'眼睛'，如果没有眼睛，地质学家就是'瞎子'，就是瞎摸，不知道往哪里打井；同样，只懂地球物理，没有地质知识，也是找不出油来的。只有两个学科结合起来，才能做好找油的工作。"[①] 这段时期的工作经历，让李庆忠充分体会到了学科间交叉融合的重要性，没有一个学科是孤立存在的，任何一个领域要想有所创新突破，都需要多方位的借鉴，取长补短，才能有所建树。

---

① 李庆忠访谈，2014年10月10日，青岛。资料存于采集工程数据库。

第六章
调回涿州

涿州，河北省县级市，地处华北平原西北部，北京西南部。在这个拥有 60 余万人口的城市，提起中石油集团下辖的东方地球物理公司，可谓妇孺皆知。穿行在县城的街道，抬眼望去，与东方地球物理公司相关的牌匾随处可见，显然，这家公司已经与这座城市融合为一个紧密的整体。

中国石油东方地球物理公司的前身便是燃料化学工业部六四六厂。1972 年 9 月 2 日，燃料化学工业部将六四六厂更名为燃化部石油地球物理勘探局（简称物探局），并于 1973 年 7 月 24 日在河北省徐水县召开了物探局成立大会，段志高[①]任党委书记，安启元[②]任局长，王尚文任总地质师，王纲道、孟尔盛任总工程师。1977 年 10 月 24 日，物探局机关由徐水迁往河北省涿县（即今天的涿州市）。当时正在东营参加华北石油勘探会战的李庆忠听闻成立物探局的消息也十分高兴，从此广大的石油地球物理勘探者终于有了一个固定的归属和组织。自 1952 年踏出清华校门步入工作

---

① 段志高（1928-2014），生于山东省东明县。1958—1979 年先后任石油工业部机关团委书记、政治部办公室副主任、华北会战工委副书记、石油物探局党委书记、海洋石油勘探局党委书记。1989 年 7 月离休。

② 安启元（1933- ），陕西省临潼县人，西北大学地质系毕业。1956 年参加工作后，历任石油部西安地质调查处助理技术员、技术员、松辽石油勘探局地质队队长等职；1973 年任地球物理勘探局局长。

岗位的那一刻起，李庆忠就与石油地球物理勘探结下了不解之缘，经过20年的实践锻炼和经验积累，他也深深地爱上了这一行，他这位从六四六厂走出去的"老物探"也憧憬着有朝一日能重回物探局大家庭的怀抱。1979年，当孟尔盛总工程师向他发出邀请时，他婉言谢绝了胜利油田领导的挽留，欣然前往涿州。

由此，在改革开放的时代大潮中，在中国石油工业不断发展壮大的趋势下，李庆忠在物探局获得了许多出国访问、交流学习的机会，使他可以近距离地观察、学习国外同行的先进经验；同时，单位创造的良好工作环境使他能进一步潜心科学研究，秉持真理，最终在20世纪90年代初完成了中国石油地球物理勘探界里程碑式的著作——《走向精确勘探的道路》。

地震地层学的重要补充

20世纪70年代末，在党的十一届三中全会确立的改革开放发展方针的指导下，中国的石油工业也开始了"引进来"和"走出去"的尝试，特别是对于海上大陆架实行对外开放，采取公开招标的方式共同勘探开发海洋石油资源，中国也由此步入了开发海上油气资源的新时代。

当时的情况是，历经大庆石油会战、华北石油勘探会战，中国在陆地上的石油勘探技术与西方相比差距不是太大（像大型计算机等高精尖设备没有西方先进），甚至在"三维地震勘探""两步法偏移"等技术的创新上比西方发达国家还要提前一些。但是，海上石油勘探方面依然存在高投资、长周期、高风险的特点。虽然在华北石油勘探会战中，在渤海湾地区钻探过几口井，开展过一些工作，但是对于像南海这样浩瀚深邃的海域，面对海底复杂的地质情况，中国石油勘探界无论在技术设备上，还是开发经验上都显得有些捉襟见肘。石油工业部从南海石油勘探开发的实际情况出发，同时也出于学习外国先进技术经验的考虑，与美、英、法、日的11个石油公司签订了海上石油地球物理勘探协议。同时为了便于各公司在华

寄情水际砂石间　李庆忠传

开展工作，1979年7月石油工业部会同地质部向每一家公司各派驻了一个物探技术小组（共计49人）执行监督和学习任务，李庆忠有幸成为其中的一员，被派往位于美国休斯敦的埃克森石油公司。出国前，小组成员集中在广州、湛江进行了语言、业务和外事纪律方面的培训。

由于缺乏和国外合作的经验，在与外国石油公司签订合作协议的时候，没有提及之前中方采集到的地震勘探资料的处理问题。李庆忠认为，我们辛辛苦苦采集到的数据资料既不能浪费，也不能拱手送人。在他的建议下，石油工业部外事司委派他为组长，负责和这11家石油公司进行谈判。谈判进行得异常艰难，外国公司坚持按照合同办事，甚至说不需要中方的资料，还向北京的有关领导告状。从维护国家利益的角度出发，李庆忠顶住来自各方的压力，据理力争。谈判持续到第四天，外国石油公司最终妥协，纷纷表示愿意拿出100万美元购买中方的地震勘探资料。1979年9月，在挽回了国家的利益之后，李庆忠前往埃克森石油公司报到。

一年的时间里，外国石油公司陆续在南海、南黄海等海域的8个区块内（约41万平方千米）进行了物探普查工作，共完成地震测线10.8万千米，还开展了相应的重、磁力测量工作。在美国的一年间，李庆忠作为中方代表，除协助埃克森石油公司开展工作以外，还积极主动地学习美方先进的石油地球物理勘探技术。1980年9月，李庆忠等人完成工作任务回国，他和钱绍新等人把在国外工作学习的经验进行了总结、梳理。1982年5月，这本蕴含着当时世界上最先进的石油物探技术的作品集——《石油地球物理勘探技术报告集》

图6-1　1985—1987年，李庆忠连续三年获评物探局劳动模范及"优秀共产党员"称号

100

正式结集印刷，并在中国物探界广泛流传。这一报告集中收录了 31 篇文章，其中李庆忠参与撰写 8 篇。在这些文章中，李庆忠对用二维滤波压制多次波的方法、相干性频谱分析程序、高分辨率的速度谱计算方法、速度资料解释等进行了详细论述，对当时中国石油地球物理勘探技术的进步与提升起到了重要的推动作用。

在李庆忠等人回国的同时，参与南海石油勘探开发的 11 家石油公司也纷纷向中国石油工业部递交了勘探报告。"从勘探报告来看，我国南海海底储油的构造太多了……遗憾的是打不出油来，有的井虽然出了油，可是与投入相比还是赔本的。"[1]在这样的情况下，许多公司开始打退堂鼓，选择放弃在中国南海的开发项目。

20 世纪 80 年代，由埃克森石油公司的彼得·韦尔和桑格里发展起来的地震地层学传入中国，在地震资料解释领域产生了广泛而深远的影响，扭转了以往地震资料解释工作中只研究构造起伏、而不考虑岩性岩相的局面。一时间，无论是学术界，还是生产实践界都把这一学说奉为经典。

其实，早在 20 世纪 70 年代，李庆忠和他在胜利油田的同事就意识到了地震反射特征与沉积相的内在联系，并于 1972 年对沉积相与反射波的特征关系进行了归纳和梳理，文章刊发在 1974 年 4 月出版的《石油地球物理勘探》杂志上（即《地震波的基本性质——复杂断块区的反射波、异常波和干扰波》一文）。

（文章中）提出了海相地层、深水湖相、浅水湖至沼泽相、三角洲、河流相、坡积相与洪积相七种地震反射波的特征。同时指出了不同岩相带的反射波的连续追踪范围的规模大小以及波形变化的快慢，以及在不同的沉积相条件下，反射同相轴的错断、扭曲与地下岩性变化及断层的关系，特别提到河流相地层的短反射段性质和冲积锥、坡积相地层的漫射介质性质，明确提出："对于河流相地层来说，反射波

---

[1] 李庆忠访谈，2014 年 10 月 10 日，青岛。资料存于采集工程数据库。

的中断、扭曲常常不是断层引起，而是岩性变化所引起"[1]。

令人遗憾的是，当时正值"文化大革命"，李庆忠的这些研究发现没有获得大家的认同和重视。

面对这一炙手可热的理论，李庆忠没有人云亦云，而是结合中国的实际情况进行认真分析。他发现国外的地震地层学中提到的一些方法和理论更适用于海相地层，而对中华大地上广泛分布的陆相沉积地层却不能完全吻合，许多地震解释的结果往往不能令人信服。1985—1986年，李庆忠结合河流相地层的特点做了大量薄层反射的正演模型，并经过认真细致的研究得出：

陆相地层的岩性变化很快，从河流的上游开始，冲积锥体基本上是地震波的漫射介质，没有良好的反射界面；在河流相的地层中，同相轴的产状并不能反映地层面的真实产状；在地层厚度有所变化的情况下，判断上超、下超等现象要谨慎；一个相位也不一定反映一个砂层或一组砂层；陆相地层的地震剖面上的反射构形并不完全与地下地质体的形状一致，特别是透镜状构造并不反映地下是透镜状的砂体[2]。

他同时指出，面对陆相地层解释中存在的这些问题，还需要通过不断提高地震勘探的分辨率来进一步搞清楚。他的这些研究成果最终在1987年10月和12月的《石油地球物理勘探》杂志上以《陆相沉积地震地层学若干问题》为题刊发。文章刊发后，在国内外石油地球物理勘探界产生了广泛影响，他的这一发现和创新被公认为是现代地震地层学的一个重要补充。

在此基础上，1994年李庆忠在《石油物探》刊发《近代河流沉积与地震地层学解释》一文。文章针对当时生产实践中不少地震解释人员在解释陆相地层时生搬硬套近代沉积模式的做法，以长江、黄河几千年来泛滥的

---

[1] 胜利油田地质处：地震波的基本性质——复杂断块区的反射波、异常波和干扰波。《石油地球物理勘探》，1974年第1-2期，第1-140页。

[2] 李庆忠：陆相沉积地震地层学若干问题（续）。《石油地球物理勘探》，1987年第22卷第6期，第632-635页。

历史文献记录为依据，列举了这两条河流在历史变迁中通过不断摆动、不断改道来填平盆地的例子。李庆忠在文中同时指出，在这种摆动中的盆地沉积速率很慢，每一千年只能沉积0.03—2米，并由此得出结论：一条河流就像一台翻土机，它不断来回搬运沙子，而把泥巴留在湖泊及海洋中。对于长期的历史变迁结果，我们在地震剖面里看到的只是几千年、几万年河流沉积的"综合体"，"很难看到单独的一条曲流河、一个点砂坝、一个牛轭湖[①]"。由此，他进一步指出，作为一个优秀的地震地层学解释人员，应该既熟悉近代沉积模式，又要考虑到这些沉积的历史演变过程，进而更确切地做好地震地层学的解释工作。

文章刊发前，李庆忠曾邮寄给埃克森石油公司的总地质师桑格里和雪佛龙石油公司原总地质师 D. Meckel。桑格里写了3页"极为认真"的长信，并且每一段都给出了评语，认为他的文章"值得用英文发表"；D. Meckel 在回信中说："很欣赏地阅读了你的论文，我认为你站在正确的轨道上。"

《石油物探》杂志社在收到李庆忠的稿件后，相关编辑表达了对文章中所述观点的担心和存疑。因为李庆忠在1987年发表的《陆相沉积地震地层学若干问题》一文就在中国石油物探界引起了不小的争议，甚至有人认为他的文章是"偏颇"的。面对编辑的担心，李庆忠在回信中说，他不怕争议，欢迎大家围绕科学问题展开讨论。[②]

文章发表后，许多读者认为很有说服力，认为该文进一步补充完善了地震地层学的理论体系。但是也有人认为，李庆忠的文章给当时的地震勘探工作浇了一盆冷水。在选择照顾一部分人的内心感受，还是选择坚持真理上，李庆忠选择站在真理这边。

> 许多人愿意看到地震勘探找到河道的成功的例子，却不愿意听到"地震勘探在陆相地层中很难找到一条河流"的观点。直到现在我仍然确信，陆地上的河流改道是如此之频繁，怎么能在长期的地质历史

[①] 李庆忠：近代河流沉积与地震地层学解释。《石油物探》，1994年第33卷第2期，第26—40页。

[②] 李庆忠给《石油物探》杂志编辑部的信，1993年7月25日。资料存于采集工程数据库。

图 6-2　1979 年，李庆忠（右一）和美国地震地层学家桑格里等人合影

中保留一条完整的河道呢？①

在 20 世纪 90 年代中后期，有人声称在胜利油田的埕岛地区，借助先进的地震解释方法在上馆陶组地层中找到了几条河道。李庆忠在仔细查看了相关资料后，认为这种说辞是不可信的，并撰写《河道解释中的陷阱》一文于 1998 年 6 月刊发在《石油地球物理勘探》杂志上。在文章中，李庆忠结合 1993 年刊登在 The Leading Edge 杂志封面上的加拿大 Terra Nova 油田晚侏罗系 Egret 地层中的古河道解释、中国冀东油田的地震解释和中国莺歌海水下河道的案例，指出在做陆相地层的层位追踪对比时，警惕不要把跨相位所形成的振幅差异在三维切片上误认为是河道的反映。

对于地震地层学的丰富与完善，自 20 世纪 70 年代初至今，40 多年来，李庆忠一直在不断跟进、持续创新。在他的努力下，陆相地层的地震地层

---

① 李庆忠：河道解释中的陷阱。《石油地球物理勘探》，1998 年第 33 卷第 3 期，第 337 页。

学解释更加科学、规范、合理。进入21世纪，在前述研究的基础上，李庆忠又撰写了《河道解释一文的后记》，对地震层位切片上发现河道的正确性进行了探讨。一直以来，李庆忠始终秉持着这份"不迷信西方，不迷信权威，不盲目跟风"的学术品行，坚持用事实说话、用实践检验、用实验程序模拟，在推动中国石油地球物理勘探事业不断进步发展的同时，也逐渐养成了他独特的学术风格和科学思想。

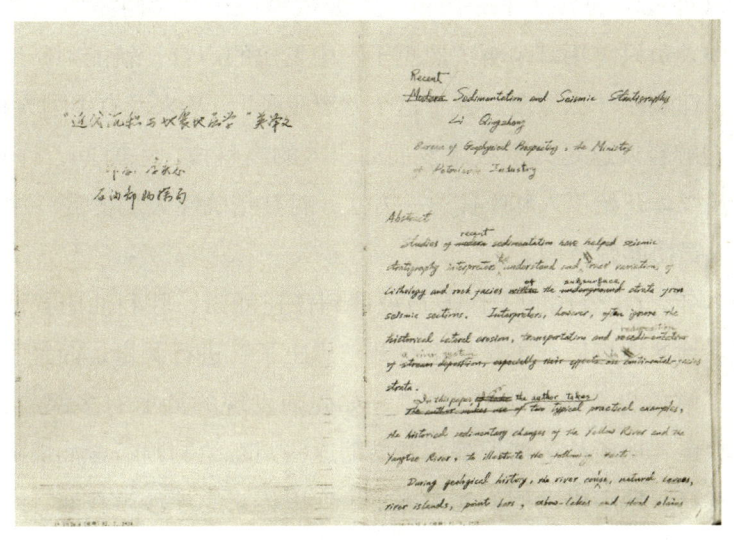

图 6-3 《近代沉积与地震地层学》英文手稿

物探领域的"反伪斗士"

李庆忠很欣赏中国科学院院士何祚庥[①]和独立学者司马南[②]，因为这两个人都敢于向伪科学宣战，被称为"反对伪科学的斗士"。在中国石油物

[①] 何祚庥（1927– ），生于上海，籍贯安徽望江。粒子物理、理论物理学家，中国科学院院士，中国科学院理论物理研究所研究员。

[②] 司马南（1956– ），本名于力，高级经济师。祖籍山东，生于黑龙江。20世纪90年代，他因反伪科学和揭露伪气功、假神医而闻名，被誉为"反伪科学斗士"。

探科学发展的过程中，李庆忠也像这两位学者一样，勇于向伪科学"亮剑"，用科学和事实揭穿了一个个打着高科技幌子的物探骗局。

20世纪80年代中期，伴随着中国改革开放步伐的加快，国外的石油勘探方法和技术开始大量涌入中国，令人目不暇接、眼花缭乱，甚至真假难辨。1984年，美国地球物理国际公司（简称GI公司）声称发明了一种直接找油、找水、找煤的先进技术，称为Petro-Sonde（中译为岩性探测）方法。这种找油的方法十分简单，主要依靠一个"黑匣子"仪器，测量时，工作人员只需用耳朵听"黑匣子"中发出的声音，就能判断地下有没有石油、埋藏在什么深度。关于这个"黑匣子"，从来没有中国人打开过，外国公司解释说这是太空技术发展而引入的高科技。一时间，许多单位、个人以及媒体开始引入和吹捧这一方法，对其精确性大加赞赏，并邀请GI公司的人员协助找资源。

1985年，GI公司的工作人员被请到任丘油田、胜利油田找油。两名工作人员到达现场后，不是马上打开"黑匣子"进行测量，而是不断打听情况、了解信息、偷偷地"学习"，如先前发现的油层有多深、有多厚、打探井数量、地质构造情况等，并借助这些判断绘制判断含油情况的曲线图进行解释，然后借助他们的"黑匣子"里传来的沙沙声找油，结果是有的确实发现了油，有的什么也没找到。殊不知，GI公司的工作人员就是通过临时对找油地区的地质和储油情况的学习，依靠"连蒙带猜"的方式找油。在当时的情况下，无论是乐在其中的部分油田管理人员，还是新闻媒体，都热衷于宣传报道该技术找油的神奇性，却不提它失败的案例和先要进行学习的情况。

面对这股风潮，李庆忠是持怀疑态度的，他不相信依靠Petro-Sonde方法可以直接找油、找煤、找水。与他一样不相信这一方法的，还有顾功叙和孟尔盛两位石油物探界的老前辈。早在1985年秋，顾功叙就曾给美国科罗拉多矿业学院的电法专家G. Keller教授写信询问这一方法的真实性，G. Keller在回信中说："'Petro-Sonde'不是什么技术，而是一种'魔术'，它没有任何理论依据"。1987年，身为中国石油学会勘探地球物理专业委员会主任的孟尔盛也曾询问过SEG的前主席R. J. Graebner如何看待这一技术，对方的回答是："SEG 对于理论上不成立的 Petro-Sonde，始终不刊登他们的广告。几次 GI 公司想要在 SEG 年会上做报告，SEG 也不给他们上讲台的机会，也不收录他们的文章。"即使两位学者一再发表见解，对这一方法的伪科学性质进行揭露和批判，但依然不能阻止某些人对这一"新技术"的狂热追求。

在 1989 年召开的岩性探测技术研讨会上，身为 Petro-Sonde 仪器鉴定委员会主席的顾功叙指出："一种勘探方法的理论基础不明，机理也不清，怎么谈得上对仪器作鉴定？"同年 3 月 22 日，在北京举行的岩性探测学习班上，顾功叙进一步阐明了对这一"方法"的怀疑，并给出了三点原因：

一是电磁波是不能在地下传播很深很远的，所以有人怀疑这一仪器利用的是大地电磁场在起作用。但是大地电磁场的分辨率是极低的。二是地下深处介质的组成结构是非常复杂的，大地电磁场一定也分布很乱，推断岩层层次的方法怎么会这样简单呢？三是所谓我国已制成岩性探测器，是何情况？仪器是服从于原理的，原理说不清楚，何来仪器研制？[①]

此外，针对 Petro-Sonde 技术与电磁波传播理论矛盾的问题，许多研究人员希望寻求一种新的理论突破，给这一"技术"一个合理的解释。瞬时间，中科院空间物理所、清华大学、北京科技大学等科研院所和高校的学者纷纷围绕这一"新技术"研究新理论，力求弄清它的工作原理。还有一些学者撰写论文对这一"技术"的原理进行分析，有的技术人员不断地对该仪器进行改进升级。

1992 年 7 月，在涿州召开的全国非地震物化探测会议上，孟尔盛进一步指出岩性探测方法没有理论依据、不可信，引起了许多人的反对，甚至有人说岩性探测在全国已经有很多成功的例子，就算原理不清楚，但是

---

① 顾功叙：顾功叙名誉理事长在岩性探测技术研究会上的发言.《中国地球物理学会会讯》，1989 年第 21 期。

效果是好的。在本次会议上，李庆忠也做了发言，对岩性探测技术加以批判。遗憾的是，许多人根本听不进去李庆忠的意见和建议，在会议的总结材料中对他和孟尔盛的观点只字未提。

尽管很多人听不进去李庆忠的意见，但是他坚决不相信这种用耳朵找油的方法，也不停地思考"如果这种方法这么神，还要我们物探干什么？""既然这么灵验，为什么美国人自己不用，偏偏到中国来推广？""从地震勘探理论到电磁波理论，都不可能达到如此高的分辨率和精度？"带着这些疑问，李庆忠决定解开这个谜团，向伪科学宣战。他请朋友从石油工业部勘探司找来了 Petro-Sonde 岩性探测的报告资料，认真研读，并亲自验证其中的数据和曲线，最终写成了《对 Petro-Sonde 岩性探测技术的质疑》一文，刊发在 1996 年第 2 期《石油地球物理勘探》杂志上。

在文章中，李庆忠对这一方法的分辨率、穿透深度、目的层深度标定和时间域电磁信号的读数等问题进行了细致的研究分析，认为这一方法存在 5 点无法克服的矛盾，而且各种岩性探测器测量的数据既没有重复性，又无一致性、稳定性。

无论何时何地，同伪科学做斗争是需要勇气和胆识的，在许多人推崇岩性探测技术的当时，李庆忠的文章发表后，有的人写信，有的人打电话，有的人面对面……通过各种方式和渠道对他进行指责、批判。最具代表性的当属西安煤炭工业部研究分院的王文祥了，他在 1996 年 6 月 6 日写给李庆忠的信中进一步阐释岩性探测技术的可靠性，并对李庆忠的认识和观点进行了批判。

看了您的文章，知道您和所有的物探专家、无线电专家犯了一个通病，即对电场、磁场、电磁场、电磁波基本概念的认识不清，其原因还在教科书中。再深究即到麦克斯韦的两个假设：位移电流、涡旋电流。有关这一基础理论的讨论如您感兴趣，咱们可以仔细讨论。

您的基石——电磁波已不成立，文中之推导均是依据电场公式或磁场公式。您的推导、立论是对的，但是已张冠李戴了。这不怪您，因为到目前为止全世界的无线电专家和通晓无线电理论的学子,均在糊里糊涂运用这一似是而非的概念。①

李庆忠在1996年6月12日给王文祥的回信中写道:

我在文章中从PS仪器的理论到实践已做了系统的分析。我认为我并没有错。希望你们在心平气和的情况下,也写出论文与我作讨论,甚至对我作批评,都是合理的。你信中提到当今全世界的无线电专家和学子均在电磁波理论上认识不清,那么,我真诚地希望你能发表你的研究新理论,这必将有助于推动科技的发展。②

王文祥与李庆忠的争论不仅停留在书信的往来中,1997年11月3日,王文祥路经涿州,甚至专门跑到李庆忠的办公室与其辩论。

在20世纪80年代中期美国的岩性探测技术传入中国,并于20世纪90年代初期在石油勘探实践领域和学术界达到争论顶峰的时候,

图6-4　1998年,李庆忠在物探局研究院工作室

1991年,中国大地上又兴起了另一种找油的高科技——"艾菲"重力直接找油技术。短时间内,报纸上关于这一找油新技术的广告铺天盖地,大造声势,说这是"一种精度很高、轻便、廉价、快速的直接找油技术",而且打出了"实践是检验真理的唯一标准"的口号,说其成功率已达到了70%—80%,在美国达到了95%。1992年,甚至有人租用了艾菲重力仪,并与美国世界地球物理公司联合开办中美合资东营艾菲石油勘探有限公

---

① 王文祥给李庆忠的信,1996年6月6日。资料存于采集工程数据库。
② 李庆忠给王文祥的信,1996年6月12日。资料存于采集工程数据库。

司，在国内的一些石油探区招揽业务。1995年，该公司还邀请了石油界有关专家学者在山东省威海市召开全国微重力油气勘探技术研讨会，以壮大声势。《中国石油报》也刊发文章，对这一"新技术"大肆宣扬[①]。

面对"艾菲"重力找油技术铺天盖地的舆论宣传，李庆忠始终采取谨慎的态度，通过调阅该技术找油的有关探测资料并结合实验论证，认为那个不允许别人打开的艾菲微重力仪只不过是一种精度很低的重力梯度仪，所谓的能直接测量与碳氢化合物有关的"微重力分量场"也是毫无根据的，根本算不上是什么直接找油的新技术，不过是又一披着科学外衣的伪科学罢了。有鉴于此，1997年4月，李庆忠在《石油地球物理勘探》第2期刊发了《评艾菲微重力直接找油兼论GONG直接找油》一文，在文章中，他用详细的数据、图表和实验揭露了"艾菲"骗局。在结束语中，李庆忠指出："我以为鉴别这类技术最好的办法是按正常程序对这类仪器的精度进行论证，对其观测数据的稳定性、重复性进行检查，并组织专业人员对其原理及技术手段作认真的调查。绝不能听其自然，任其泛滥。"[②]

20世纪八九十年代，除了Petro-Sonde岩性探测技术和"艾菲"微重力直接找油技术两大伪科学，还涌现出了美籍朝鲜人Busuph Park发明的从飞机上直接找油技术、"特异功能"找油等荒诞可笑、令人匪夷所思的找油骗术。对于这些毫无科学根据的骗人行为，李庆忠本着实事求是和尊重科学本来面目的原则都给予了批判和揭露。

多年后，谈起这段与伪科学作斗争的经历，李庆忠说："今天我们重新回顾这段历史，应该从中吸取什么教训呢？那就是我们应该提倡科学精神，坚决反对伪科学[③]。"

[①] 刘东昌："艾菲：构建勘探新坐标"——全国微重力勘探技术研讨会侧记.《中国石油报》，1995年8月16日。

[②] 李庆忠：评艾菲微重力直接找油兼论GONG直接找油.《石油地球物理勘探》，1997年第32卷第2期，第277-302页。

[③] 李庆忠：预报符合率不等于钻探成功率及特异功能找油.见：李庆忠编著，《寻找油气的物探理论与方法第三分册争鸣篇》。青岛：中国海洋大学出版社，2015年，第30-35页。

李子波的提出

地震波是从震源产生，在地球介质中向四处传播的振动，是石油地球物理勘探领域的主要研究对象，也是科技人员获取和了解地下信息的主要参照与依靠。当用炸药爆炸激发地震波时，爆炸产生尖锐脉冲，在爆炸点附近的介质中以冲击波的形式传播。爆炸脉冲向外传播几米后，压强逐渐减少，地层产生弹性形变，形成地震波再向外传播。由于介质对高频成分的吸收，振动波形会发生明显变化，直到传播到更大距离（100 米到几百米）后，振动图的形状逐渐稳定，成为一个具有 2—3 个相位（极值）、延续时间 60—100 毫秒的地震波，称为地震子波[①]。

地震子波在地层传播的过程中遇到波阻抗分界面，就会发生反射和透射，这种反射信号传播到地表就会被精密的地震探测仪器记录下来。反射波法地震勘探的原理就是利用地震子波从地下地层界面反射回地面时带回来的旅行时间和形状变化的信息，来推断地下的地质构造和岩性岩相变化情况。长期以来，在地震勘探领域，人们把由地震子波和反射系数得到地震记录称为褶积过程；大多数情况下，地震勘探人员获取的地震记录分辨能力较低，地下反射界面上各反射波相互叠加、彼此干涉，形成十分复杂的形式。在普通地震记录上，一个界面的反射波一般是延续时间为几十毫秒的波形。由于地下反射界面一般为相距几米至几十米的密集层，反射波的到达时间差仅为几毫秒到几十毫秒，因此在反射地震记录上它们彼此干涉、难以区分开来、分辨力较低，也就不能直接用于地质构造的解释和获取准确的地下地质界面状况。这时候就需要借助各种数学公式、方程等，通过系列计算提高地震记录的分辨率，进而得出近似反射系数剖面，推断出地下介质的精确结构，这一过程被称为反褶积。怎样把延续几十毫秒的地震子波压缩为一个反映反射系数的窄脉冲呢？这就是反褶积所要解决的

---

① 陆基孟，王永刚：《地震勘探原理（第三版）》。东营：石油大学出版社，2009 年，第 25-26 页。

问题。反褶积处理是褶积处理的反过程，因而称为反褶积。它的基本作用是压缩地震记录中的地震子波，反褶积可以明显提高地震的垂直分辨率。

长久以来，反褶积已成为地震资料处理的重要环节，也是地震勘探取得辉煌成就的重要手段。但是实际子波往往是不知道的，只能采取统计性反褶积，而统计性反褶积的前提条件是：子波必须是最小相位的，并且反射系数是白噪。遗憾的是，在长期的地震资料处理中始终没有找到用解析式表达的最小相位子波，甚至大家熟知的雷克子波也是不符合应用条件的零相位。以致在石油物探界出现了大家都知道最小相位子波的重要性，但却没有一个可以使用的最小相位子波的尴尬局面。

面对这一难题，20世纪80年代，李庆忠结合生产实践进行了深入的思考探究，并亲自编写程序反复测试、计算，最终提出了一种阻尼拉伸正弦子波，该子波与爆炸脉冲经大地吸收滤波后的物理可实现过程基本吻合。它的"特点是在 $t=0$ 之前没有振动，符合物理可实现的条件，起跳后视周期逐渐增大并且是最小相位。因此，它最适合于表达实际地震子波，而且也适合于最小相位假设的各种运算，如反褶积处理等"。[1] 鉴于该子波在指导地震勘探资料处理和丰富学科体系中的重要作用和意义，人们习惯于将其称为李子波。有了这一严格最小相位子波，科技人员就可以采用模型测试的方法来论证测算反褶积的效果了。无论是单道曲线模型的反褶积，还是多道反褶积以及多道不同信噪比的反褶积，李庆忠都运用李子波进行了详细论证并给出了答案和解释。

在李子波的基础上，李庆忠还对地震勘探领域常用的瑞利准则中关于分辨率的定义进行了探讨和分析。瑞利准则提出的"1/4 视波长"的分辨率概念是在借鉴光学仪器的分辨率基础上得来的，李庆忠认为这并不适合地震勘探。

> 我们的地震勘探不是研究两颗天上的星的光学仪器。①我们的地震子波不是零相位的雷克子波，而一般是最小相位或混合相位的；

---

[1] 张海燕：李子波的计算公式及结果——两类李子波的参数。见：李庆忠编著，《寻找油气的物探理论与方法第一分册基础篇》。青岛：中国海洋大学出版社，2015年，第140-151页。

②我们的反射系数并不仅仅是两个正的反射系数，而是连续不断地有正有负的反射系数。这就造成了定义分辨率的困难①。

通过雷克子波和李子波的对比试验，李庆忠得出在研究分析地震资料的分辨率时不能使用雷克子波这种零相位子波；而像李子波这种严格最小相位的子波，如果没有干扰波，即使野外地震子波的主频比较低（仅有 20 赫兹），但在室内资料处理中，只需经过一次反褶积过程，便可以恢复地下反射系数的样子。

由于干扰波的存在，地震资料的软肋是"有效频宽"，它永远是"带限的"，因此无法通过反褶积把子波压成一根棍。也就不能反演出完全符合地下波阻抗的样子来，永远有误差。我们所谓的分辨率概念只能理解为对地下厚度为多少的砂层，反演后能有多少判断准确的概率而已②。

圈闭概念的升华

石油是埋藏在地底下的资源，所以石油地球物理勘探工作的开展以及技术的革新很自然地与地质科学联系在一起，日积月累，便形成了一套系统的石油地质理论。在诸多理论中，圈闭概念便是其中之一。虽然日常工作中，李庆忠的主业是物探技术方法研究，但在长期的研究实践中，他发现石油地质理论中对于"圈闭"的描述过于片面，其概念的外延和内涵的界定也不是很严谨。为了彻底厘清这一问题，使其更好地应用于油气勘探工作，李庆忠决定"班门弄斧"，挑战传统的油气圈闭概念。

---

① 李庆忠：李子波的反褶积试验——最小相位子波的反褶积试验。见：李庆忠编著，《寻找油气的物探理论与方法第一分册基础篇》。青岛：中国海洋大学出版社，2015 年，第 152-181 页。
② 同上。

圈闭是一种能阻止油气继续运移并能在其中聚集的场所，大多由地层的变形（如背斜、断层等）造成。在中国东部地区存在的诸多断块油田中，断层对油藏的形成起着至关重要的作用，它既是开启连通的桥梁，也是封堵圈闭的堡垒。在中国石油勘探开发的早期，陈斯忠、帅德福等地质学家就发现了断层的这一连通与封堵的双重作用，并据此总结出以“断层两侧砂层不见面、盖层不破坏”作为判断断块油藏形成的基本原则，在20世纪60年代中期胜利油田的勘探开发中发挥了重要作用。

但伴随着勘探工作的开展，有时也会出现与上述原则相反的情况，胜利油田的Y12井便是在砂层见面的断层处找到了石油。1980年，李庆忠结合Y12井“砂层见面也有油”的案例，重新审视和研究断层的封堵作用。他发现陈斯忠、帅德福等人提出的“砂层不见面”“盖层不破坏”规律是正确的，但是不能单纯地用地质力学分析方法来解决圈闭问题。

经过进一步研究，李庆忠发现，长期以来石油地质学对于圈闭的描述与评价更多的是关注其构造隆起的幅度和构造面积两项指标，忽视了圈闭体积、圈闭量的概念，致使圈闭概念存在一定的片面性。同时，在勘探开发断块油田时，其圈闭的面积更是无法做到精确表述，往往是工作人员依据断块的面积，再结合自己的工作经验估算圈闭面积；钻井的时候，也是见一个断块打一口井，

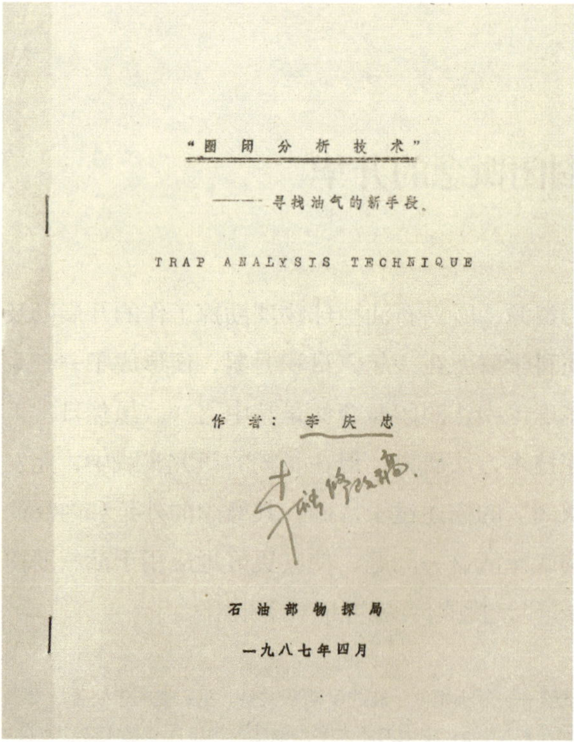
“圈闭分析技术”

——寻找油气的新手段

TRAP ANALYSIS TECHNIQUE

作者：李庆忠

石油部物探局

一九八七年四月

图6-5　1987年，李庆忠撰写的《圈闭分析技术》论文

至于下面是否存在圈闭也不去考虑。总之，在断块油田的勘探开发中存在一定的盲目性。此外，在现实工作中，从事构造研究的人和开展地层、岩性、岩相分析的人是相互对立的两批人，彼此之间缺少沟通和联系，正是这种人为的割裂研究导致了在圈闭概念认识上的片面性和不完整。鉴于此，李庆忠结合自己在胜利油田地质处的长期工作实践，决定重新审视和探讨圈闭的概念，特别是对一直被大家忽视的圈闭体积、圈闭量进行评价分析。

1986年，他尝试着对断层的封堵系数、储集系数进行计算，并探讨了一维与二维空间的封堵量计算，对断块油田的圈闭概念有了更加深入的认识，在此基础上总结形成了将构造和岩性综合考虑的"一图一井分析法"，并在山东的广利油田、东辛油田和河北的荆丘油田进行应用，预测的含油范围与油田的实际含油范围符合较好。

自1987年起，李庆忠便利用交流学习的机会，陆续将自己对圈闭概念的新认识和新观点在物探局研究院、物探局职工大学、中海油评价所和胜利油田等单位进行讲解和推介，受到同行的广泛关注。物探局职工大学和胜利油田物探公司还把他的手稿和讲义复印成册，组织下属各单位和职工学习。李庆忠也毫无保留地把自己编写的5个研究断层封堵的专用程序无偿提供给大家。在当时看来，这些程序虽然不够完美，在灵活性上还有欠缺，但是在世界领域的地震资料解释软件里面，这是首次出现的断层封堵程序，即使在今天的一些大型地震资料处理软件中依然缺乏断层面溢出点分析的概念。此外，李庆忠在研究中提到的关于断层面上的纯泥岩"涂抹作用"，也早于国外学者对这一问题的关注和探讨。

李庆忠把这一成果撰写成文之后，投递给相关杂志社，因为篇幅太长，编辑部希望他压缩稿件，李庆忠觉得删减、改写都不能完整表达他的研究思想和成果，只好搁置一旁。1989年，《石油物探》杂志选取其文章中的一个附录《符合小层对比原则的砂层内插技术》进行刊发。后来，在吉林油田的勘探开发中正是因为使用了这一内插方法，进而获得了比较出色的砂层剖面。2000年10月，李庆忠受中海油南海东部公司总地质师陈长民的邀请参加断块油田勘探方法技术座谈会，会上，李庆忠介绍了他在

20世纪80年代关于圈闭概念的分析和认识，引发了与会石油地质专家的兴趣。东部公司现场拿出了他们在砂岩占比20%—50%的地域找到的一大批油田图幅与李庆忠提出的圈闭理论相印证，竟然完全吻合。

李庆忠也谈到这一研究存在的不足之处，即他所探讨的圈闭概念还是停留在"以剖面形式表达的二维分析方法，对于复杂连通体的断块油田及岩性油田方面还显得无能为力[①]"。所提出的"一图一井"圈闭分析方法也仅适合于砂泥碎屑岩地层中的圈闭，对于碳酸盐岩裂缝性地层的圈闭分析显得有些无措。他同时指出，有朝一日，如果能够编写、调试出用于三维空间圈闭分析的程序，上述问题便可迎刃而解，甚至可以在三维数据体中用计算机自动搜索出所有的背斜构造圈闭、断块圈闭、岩性圈闭和地层圈闭。

在研究中，李庆忠重申构造研究和岩性研究相结合的重要意义，认为以往那种把两者分开研究的做法是不可取的。地震勘探人员只是查明了构造圈闭，但是对其岩性的认识和分析却显得很无力；而储层研究人员运用各种录井、测井资料对储集层进行深入细致分析，往往是良好的储集层却没有发现良好的圈闭条件。只有把地震资料和测井资料结合起来研究，才能准确发现圈闭构造并估算出圈闭的面积，进而避免一个断块高点打一口井的盲目做法所带来的经济及时间上的损失。

在圈闭研究的道路上，李庆忠并没有就此止步，而是再接再厉、继续前行，并重点围绕如何做好复杂断块的三维圈闭分析进行了长达20余年的技术攻关。

1989年，在美国交流学习期间，他利用业余时间着手编写三维圈闭分析的FORTRAN程序SCHA-32.for，遗憾的是没有机会对程序的有效性进行验证，同时还面临着无法编写解释工作站断层文件的困难。他只好先把这项工作搁置一边，留作日后继续研究。

进入21世纪之后，李庆忠发现市面上畅销的地震资料处理软件在分析断层的封闭方法上和他在20世纪80年代提出的"一图一井"法一样，只

---

① 李庆忠：圈闭分析技术——寻找油气的新手段。见：李庆忠编著，《寻找油气的物探理论与方法第三分册争鸣篇》。青岛：中国海洋大学出版社，2015年，第115-152页。

能分析简单断块，而对于稍微复杂一点的断块却无法分析。李庆忠发现，在三维空间中是否存在圈闭不是由一条断层决定的，如果砂体两端都封闭的话，那么断层两侧即使是"砂对砂"依然是封闭的，所以必须从三维空间的切片分析着手，找到解决问题的合适办法。那段时间里，他脑海中一直萦绕着这一问题。2011年8月，李庆忠在青岛休假期间就把自己关在房间里，不断地用模型和程序对三维圈闭分析进行验证、测试，最终完成了TRAP-3D的核心程序SCHA-50.for和十几个特殊图幅的显示程序。经过初步检验，依靠此程序可以计算出复杂断块油田及岩性油田的圈闭量，绘出"甜点图"，还可以在已经打井的区块里计算出未动用储量及死油区。该程序包比之前的"一图一井"法简便很多，既不需要输入太多的数据和信息，也不需要地震构造图。

为了使程序更加完善、早日用于生产实践，匆匆结束休假的李庆忠又马不停蹄地投入TRAP-3D程序的开发、完善和生产试验中。自2012年5月，他与东方地球物理公司油藏中心的张晓敏、张立彬两位研究人员携手进行了一年的TRAP-3D技术开发与完善工作，经过不断的测试与改进，先后突破了砂层内插及断层内插等多项技术难关，并于2013年3月首次在TN油田运用实际资料进行检测验证，获得了良好的成果评价。

TN油田的实际应用显示，李庆忠研发的TRAP-3D三维圈闭分析技术在连续的切片和剖面的圈闭评价方面，不仅效率高，而且显示的含油范围与现实中探井判断的含油区域基本吻合。同时，该技术输出的图幅中，内容更为全面具体，不仅有断块圈闭，还有构造圈闭、岩性圈闭，这些都通过"甜点图"的形式描绘出来，工作人员可以据此计算出工区内总的圈闭体积。同时，利用该技术方法，还可以在已经打井产油的老油田对"未开采储量"和"死油区"的分布进行计算描述。

TN油田的试验结果充分表明了李庆忠提出和构建的TRAP-3D三维圈闭分析技术的思路正确、程序科学、运行合理。此创新发明不仅丰富了油气勘探的技术手段，还是对以往石油地质理论中圈闭概念的一次完善和升华，进一步证实了他自20世纪80年代提出的"把构造和岩性相结合研究"的观点的正确性，为更严谨、科学地定义圈闭以及准确计算圈闭体积奠定了方法基础。直到该技术在 TN 油田试验成功，物探行业广泛运用的各类商业软件依然无法计算复杂断块油田的圈闭分布情况和体积，也没有定量分析岩性圈闭的软件问世，TRAP-3D 三维圈闭分析技术当之无愧地成为石油物探领域技术革新的标志性事件。身为发明人的李庆忠又一次成为行业技术革新的先行者。

如同 20 世纪 80 年代中期李庆忠在圈闭研究中首提"一图一井"法时，对其方法容易分析简单的断鼻构造，面对复杂断块却很难用二维图件分析三维空间中的砂层连通与封堵情况毫不避讳一样，他依然坦诚 TRAP-3D 技术在运行中还过多地依赖于储层描述，只有这一环节做扎实、搞正确了，才能在对工区的储量估算中取得良好成效。他同时指出，该技术更适用于孔隙性储层，尤其是在新生界盆地碎屑岩地层中寻找油气资源效果更佳，但是在裂缝性储层的分析计算方面显得有些苍白无力。

任何新技术的问世不可能是一蹴而就的，都要经过一个不断完善、调试和发展的过程，TRAP-3D 三维圈闭分析技术亦不例外。2013 年 3 月，在 TN 油田试验中，恰巧有几口井分布在西北角，试验区域的井位稍显稀疏，以致无法掌控东南角内插砂层的合理性；同时，那一区域还存在火成岩的穿插和入侵，在岩性解释的时候就遇到了新问题。李庆忠把 TN 油田的反射剖面与砂层内插剖面对齐后发现，反射强振幅还有不少区域与砂层发育带不符，并据此推断出由于 TN 油田探井较少，中部探井又多分布在地垒上，以致控制不了全区砂层的合理内插，其间又有火成岩的侵入，致使岩性判断遇到挑战，最终导致对 TN 油田圈闭储量的计算还是偏少了。在如何区分岩性这一问题上，李庆忠联想到地震资料的波阻抗反演可以粗略地进行区分，于是他又提出了基于积分地震道（即相对波阻抗）开展无井砂层内插的方法。尽管其精度比不上有井内插的高，但是其方向是正确的，而且也可以弥补部分油田井网太稀的缺憾。这一创新思路不仅使无探井区域的圈闭预测成为可能，也进一步开拓了 TRAP-3D 技术应用的新前景。

鉴于"有井内插"和"无井内插"优缺点各异，在断块圈闭的分析工作中，李庆忠更倾向于将两者结合起来运用，以期达到更理想的效果。

分形、分维技术的争论

在李庆忠的科研生涯中，一向敢说真话、勇于质疑，不迷信权威，并积极主动地本着实事求是、百家争鸣的态度推动和维护石油地球物理勘探理论与技术的持续发展进步。20 世纪 90 年代，在中国油气地震领域关于分形、分维技术的争论中，他便是积极的参与者之一。

分形的概念最早由美国数学家本华·曼德博提出，并在 1967 年应用于英国海岸线的长度计算上，1975 年他正式创立了分形几何学。该学说的主要理论认为自然界的某些复杂事物具有"自相似性"，即局部形态和整体形态的相似，如在高处拍摄的 100 千米长的海岸线与放大了的 10 千米长的海岸线的两张照片会十分相似。此外，像连绵的山川、飘浮的云朵、岩石的断裂口、树冠、大脑皮层等也具有这种部分与整体的自相似性。分形几何学诞生后，为人类在复杂事物的描述方面开启了一片崭新的天地，引发了学术界研究的热潮，许多学者纷纷尝试把这一技术方法应用于不同的实践领域。

20 世纪 90 年代，SEG 前主席古比约访问中国时介绍了分形、分维技术的有关理论方法，并就它在石油地球物理勘探领域的研究与应用做了介绍。这在当时的中国石油地球物理勘探界引起了不小的轰动，人们纷纷开始研究这一新兴的技术方法，期望它能够给中国的物探事业发展带来奇迹。

1993 年，《石油消息》报组织开展了一场"对分形等新技术的笔谈会"，李庆忠也受邀参加，针对有学者在文章中引用的国外学者的夸张表述"明天谁不熟悉分形，谁就不能被认为是科学上的文化人"，李庆忠不是很赞成。与此同时，许多从事物探的专家学者也纷纷发文拥护分形技术，分维技术的作用被无限夸大，俨然成了包治百病的灵丹妙药。针对此情况，李庆忠撰写了《不要夸大分形、分维技术的作用》一文，并刊发在 1993 年

10月6日出版的《石油消息》报上。

在文章中，李庆忠首先肯定了分形、分维技术在研究复杂事物方面的重要作用，并指出它是一种很好的"描述方法"，但不是"预测方法"，更不是事物本身真实的"写真方法"。他还对那种过分夸大"自相似性"的假设给予了反驳，"太阳系与原子结构很相似，但是他没有想到原子结构与分子结构就相差很远，分子结构与细胞构造更极不相似，细胞与生物个体更不相似。怎么能用简单的'自相似''自组织'的假设到处套用呢？[①]"

在文章中，李庆忠对部分学者提出的用分形技术可以解决油层开发中的"非均质"现象、预测裂缝发育带和提高地震勘探的分辨率等夸大其词的说法也给予了批判，告诫大家不要陷入研究误区。首先他认为，利用分形技术对油层的"非均质"现象进行研究，适用于在只有少数钻孔的条件下对"非均质储集体"进行估计和推测，进而据此快速制订出油田的初步开发方案。但是，这并不能说"非均质"问题已经解决了。如果在其后的开发中继续按照原来依靠分形推测的结果去安排配采、注水等工作，肯定会遇到许多意想不到的问题，甚至是以失败告终。其次，针对有人提出的运用分形技术最适合研究裂缝系统的观点，他也持慎重态度。表面上看，虽然裂缝与大大小小的断层具有一定的相似性，但是断裂的产生与岩石本身在地应力条件下的破裂强度有关，而且岩石破裂的强度不会因为几何尺度的大小而相应地缩小或放大，所以大、小断裂的自相似性也就成了问题。他同时指出，解决这一问题应从岩石的力学性质着手，而不能单纯寄希望于分形技术给出答案。此外，他认为地震勘探本身没有达到的分辨率不可能通过什么高明的数学推算获得提高；高频信号的波形也不可能由中、低频的信号所推得。这种所谓的通过分形技术获得的高分辨率不是真分辨率，而是"视分辨率"或"假分辨率"，因为分辨率是不能人为制造的。[②]

在这之后，李庆忠又进一步自学了分形、分维技术，通过自己编写的程序对有关提法进行计算和论证，并于1996年2月在《石油地球物理勘

[①] 李庆忠：不要夸大分形、分维技术的作用。《石油消息报》，1993年10月6日。

[②] 同上。

探》杂志刊发了《如何正确对待分形、分维技术》一文。文章中，他对人们把分形、分维技术引入地球物理勘探领域的做法给予肯定，并详细论述了什么是分形技术、分形技术在物理领域的应用、地震道的分维数、地震勘探的分辨率等内容。文章刊发后，很快引来了其他学者的关注与争鸣，最典型的当属欧庆贤、王嘉松、汪惟成3人联合撰写的《"分形、分维"必有可为——就〈如何正确对待分形、分维技术〉一文与李庆忠同志商榷》，该文章发表在1997年1月1日出版的《石油物探信息报》上。在这篇争鸣性文章中，3位作者认为李庆忠的文章"过于肯定地震记录绝不具备'分形'的特点"，但是却没有指明该技术在石油地球物理勘探领域到底应该如何应用和探索；同时李庆忠的文章还让其他正在探索的人变得茫然无措，进而对在油气物探领域继续探究分形、分维技术应用产生了负面效应。此外，文章还对分形、分维技术用于地震数据压缩和地震反褶积的效果给予肯定，同时号召大家不要放弃运用分形方法技术检验地质油气属性的研究[1]。

针对上文，1997年5月，李庆忠在《石油物探信息报》发表《以求实精神对待分形、分维技术——答欧庆贤等三同志的商榷一文》，一方面就对方文章中提出的质疑进行了解释说明，另一方面重申了他对分形、分维技术应用于石油物探领域的主张和观点。在文章中，李庆忠对欧庆贤等人提出的分形可用于地震数据压缩和反褶积方面的提法表示赞同，但他认为这一应用违背了分形、分维的基本概念，有些名不副实，其实是与分形技术没有关系的，"它只是利用形式上貌似分维的公式对反射系数的谱作一次双对数拟合而已"[2]。李庆忠还对当时石油物探界存在的"喜新厌旧"现象以及热衷于搞新鲜花样、新奇名词和新式公式的风气给予了批判，呼吁大家俯下身子、脚踏实地，聚焦物探领域存在的检波器的耦合谐振、山区静校正方法、去噪过程中的信号畸变、成像系统的理论分析、偏移速度的

---

[1] 欧庆贤，王嘉松，汪惟成：《"分形、分维"必有可为——就〈如何正确对待分形、分维技术〉一文与李庆忠同志商榷》。《石油物探信息报》，1997年1月1日。

[2] 李庆忠：以求实精神对待分形、分维技术——答欧庆贤等三同志的商榷一文。《石油物探信息报》，1997年5月。

正确判定等难题进行研究，而不能只抓住一个分形、分维技术不放手。在文章的结尾，他也提出了分形、分维技术在石油物探行业的应用与发展方向。

我建议研究分形、分维的同志可以试试用分形技术来制作三维砂层分布的模型，从而计算反射系数，获得理论上的三维地震道数据，供方法论证之用。这种工作正是分形技术的长处……我认为分形、分维的主要发展方向应该是向图形及模型方面去发挥它的长处[①]。

走向精确勘探的道路

地震勘探技术起源于第一次世界大战期间，其主要作用是探测敌军的炮火方位，后来被引入石油、天然气、煤炭等资源开发领域。作为新中国成立以来党和国家培养的第一代石油勘探工作者，李庆忠不仅见证了地震勘探技术在新中国的发展历程，也积极参与和推动了这一技术的进步与革新。

从20世纪50年代在祖国大西北依靠"51型"光点地震仪获得的信噪比很低、效果很差的地震记录中发现克拉玛依大油田，到六七十年代在渤海湾盆地的地震勘探中试验成功磁带地震仪和模拟回放仪并推广了多次覆盖技术，再到70年代后期，"两步法偏移"技术成功实现三维地震资料的归位成像，地震勘探技术在油田开发中发挥了重要作用。进入20世纪80年代，在改革开放的大趋势中，中国石油物探界不仅学习了发达国家高超的地震勘探技术，还引进了不少先进技术设备，中国的地震资料处理能力和水平都有了大幅提高，在大西北的重新勘探中发现了鄯善、柯克亚等吐哈油区的高产油田。20世纪90年代，借助三维地震勘探技术，东部的胜利油田、辽河油田

---

① 李庆忠：以求实精神对待分形、分维技术——答欧庆贤等三同志的商榷一文。《石油物探信息报》，1997年5月。

又探明了许多石油富集区，确保了我国石油工业的稳步增长。与此同时，在储层预测及储层描述方面，石油地震勘探也遇到了挑战和瓶颈，如何进一步提高地震勘探的分辨率成为物探界学者共同面临的新课题。

李庆忠认为，分辨率的提高是一个系统工程，他在认真梳理国内外地震勘探技术发展历程的基础上，结合有关油田勘探开发的实践经验，于1993年3月出版了《走向精确勘探的道路——高分辨地震勘探系统工程剖析》一书。在书中，李庆忠

图6-6 1993年，李庆忠撰写的《走向精确勘探的道路———高分辨地震勘探系统工程剖析》一书

首先就地震勘探技术问世以来在提高精度方面走过的曲折历程以及高分辨率地震勘探的发展史等做了简要介绍，并断言未来地震勘探技术的走向将立足于三维地震及高分辨率勘探两大支柱上。他将相关理论寓于生产实践之中，系统分析了高分辨率地震勘探的有关程序和环节，着重围绕野外采集、室内资料处理和数据解释中的系列关键问题进行了探讨。

在关于如何提高地震分辨率的论述中，李庆忠提醒人们在不断追求提高频率的上限的同时，也不要忽视下限，缺失低频的分辨率不是高分辨率。这一点，在今天的海上地震勘探中已经得到了充分验证，发达国家还研发了低频震源和低频检波器等设备。

这几年，面对国外海上勘探技术的发展，国内只能紧跟。如果李院士在20世纪90年代提出的这个观点，当时业界能重视的话，可能

第六章 调回涿州

就不会像现在这样跟着国外走了。有时候想想，我们作为这个行业的人应该反思一下自己，因为李院士这本书首先是在中国发行的，这些观点我们自己人没有把它消化吸收好，而是国外首先实现了[①]。

图书出版后，在中国石油物探实践界和理论界掀起了一股争相阅读的热潮。该书第一版推向市场后，出现了供不应求的局面；第二年再版后，又被大家抢购一空。1993年，此书获得了石油物探局科技进步一等奖。时至今天，依然有许多石油物探领域的学术文章和著作在参考和引用这本书的内容，可谓石油地球物理勘探界的经典传世之作。

2012年年末，美国勘探地球物理协会（SEG）找到中国海洋大学海洋地球科学学院周华伟教授，拜托他与李庆忠联系一下，并想办法说服他同意SEG把《走向精确勘探的道路》一书翻译成英文在美国出版，让西方的学生和科研人员有机会接触到中国物探界的精华。

虽然这本书已经出版20多年了，但是SEG所有参与初评的专家看了之后，都觉得这本书写得非常好，而且还有很深刻的现实意义和对将来的指导意义，所以想将它由中文翻译成英文[②]。

周华伟说，能够让西方最一流的地球物理科学协会把一本中国的书翻译成英文，而且是他们主动提出来的，这说明中国在这一领域已经与世界接轨，甚至有些方面已经超出了西方的水平。李庆忠答应了SEG的请求，并把翻译工作委托给了以周华伟为首的5人翻译小组，李庆忠则又对全书重新做了审读和完善，并结合过去20年间石油物探技术发展中涌现出的新问题、新方法补充了一章内容，使全书增加至十五章。历经5年的努力，2017年，该书终于在美国出版，正式与SEG遍布全球的数万名会员见面。

在地震勘探分辨率研究的道路上，始终存在着争议，自李庆忠的《走向精确勘探的道路》一书及其他系列研究文章面世后，有学者表示赞成和

---

① 童思友访谈，2015年9月1日，青岛。资料存于采集工程数据库。
② 周华伟访谈，2016年1月12日，青岛。资料存于采集工程数据库。

支持他的学说观点，也有研究者撰文提出了与其著作和文章相左的看法。2005年10月出版的《石油地球物理勘探》杂志刊登了云美厚、丁伟两位学者撰写的《地震分辨力新认识》一文。文中对李庆忠书中提出的分辨率和信噪比有密切关系的论点给予了质疑。他们认为，地震分辨率只与地震波的主频有关，地震分辨率等于1/4视波长的准则是客观存在的标准，分辨率与信噪比是无关的。针对这一质疑，李庆忠于2008年4月在《石油地球物理勘探》上发表了《地震勘探分辨率与信噪比谱的关系——答云美厚〈地震分辨力新认识〉一文》，进一步澄清了分辨率与信噪比的关系，指出从光学仪器的分辨率中借用来的"瑞利准则"不适合地震勘探，地震分辨率是由地震数据的有效频宽决定的。

自20世纪80年代初重回物探局，李庆忠在提高地震勘探精度和分辨率方面提出了许多创新性的思路和观点，并撰写、出版了许多用于指导生产实践的文章与专著，为中国石油物探技术的持续性创新发展提供了借鉴、指明了方向。与此同时，他的辛勤付出和不懈努力也赢得了社会和行业的认可，收获了诸多荣誉：1985年，他参与的"渤海湾盆地复式油气聚集（区）带勘探理论及实践"荣获国家科技进步奖特等奖；1991年，被授予"国家有突出贡献专家"称号，享受政府特殊津贴；1995年，当选为中国工程院院士；同年9月，被中国石油天然气总公司授予"石油工业杰出工作者"称号。

图6-7 1985年，李庆忠获国家科技进步奖特等奖

第七章
结缘海洋

　　仔细探究李庆忠 60 余年的职业生涯，不难发现在寻找油气资源的物探方法和技术研究领域，他始终走在创新求变、引领行业未来的道路上，从"波动地震学"理论的建立，到"两步法偏移"技术的提出；从第一张三维地震剖面的诞生，到陆相沉积地震地层学的若干问题的发表；从三维圈闭分析技术的突破，到走向精确勘探的道路……从风华正茂到两鬓微霜，从一名普通的物探队员到享誉世界的工程院院士，围绕中国油气勘探实践中的难点和短板，他从未停下攻克和完善的脚步，在胸怀梦想不断前进的道路上，每一步他都走得扎实而又稳固。

　　他对于中国石油地球物理勘探事业发展方向性的把握，是与时俱进、不断变化的，随着一系列问题的解决和难点的攻克，他又会提出新的问题和难点，在依靠"问题导向""难点思维"不断引领物探科研工作进步的征程中，他俨然是一位行业未来发展蓝图的描绘者和推动者，在 20 世纪 90 年代初以及进入 21 世纪后这一点变得愈加明显。特别是 2001 年 9 月，他获聘青岛海洋大学（2002 年更名为中国海洋大学）教授后，针对物探技术在海洋石油资源勘探开发中的应用提出了许多新的观点和思路，并不遗余力地指导和培养了多位研究生，为中国石油物探事业的持续性创新发展和再攀高峰奠定了人才基础。

未来蓝图的描绘者

进入 20 世纪 90 年代，中国的石油地球物理勘探工作有了快速发展，首先三维地震勘探技术得到高度重视和广泛应用，不仅极大地提高了钻探成功率，还使地质成果、经济效益大幅度提升；其次，在沙漠、河口、海洋的施工能力方面有所增强，相关的技术装备水平更加完善，使得油气勘探开发工作更加得心应手；再次，由于大型高端计算机设备的研发和引进，使得地震资料处理的能力和水平不断提升，以前无法使用的软件、程序以及不能处理的资料得以正常运行和处理，并在此基础上发现了吐哈油田等油田；最后，一批具有先进工作理念，技术知识丰富，科研素质过硬的石油物探人才加快成长，成为地球物理勘探事业兴旺发达的重要标志。

针对上述进步，李庆忠于 1993 年撰写了《我国石油地球物理勘探今后的发展方向》一文，高屋建瓴地对国内外的发展动向进行了分析，并明确了行业内今后亟待解决的难题与研究走向。

当时欧美等发达国家的物探公司纷纷被测井公司兼并，处在发展的低谷期，李庆忠预测国外的地球物理勘探只能在调整中谋发展、求生存，其努力的方向将主要集中在降低野外采集成本、拓宽业务范围、增强核心技术竞争力、提高资料解释能力和效果等方面。对于国内来说，东部易开采的油区已经开采得差不多，老油田面临着挖潜细找的考验；西部地区受制于沙漠、山脉、喀斯特地貌等复杂地质地形条件，勘探困难不容小觑，而这些都对三维地震勘探和高分辨率勘探提出了更高的技术要求，同时储层预测和描述工作也面临着再上新台阶的问题。

进入 21 世纪，李庆忠对改革开放三十年来中国石油物探工作在自主创新和引进吸收相结合的过程中所取得的系列成就进行了简要梳理和回顾，认为中国已经建立起了具有强大国际竞争力的物探技术队伍，并指出中国物探事业发展呈现的三大特点：一是投资逐年加大；二是投资结构发生转变；三是资料处理解释工作不断强化。当然，在肯定成绩的同时，李庆忠一如既往地不避讳地指出了中国物探界发展中存在的不足以及今后应该着力解决的问题，如西部山地地区的地震方法没有完全过关，还需要依靠中国物探人的努力加强技术攻关，幻想依靠国外的技术引进是行不通的。他进一步指出，要想实现中国物探技术的长远发展，必须走创新意识和求实精神相结合的道路，结合中国的生产实践走出一条中国特色的物探技术创新发展之路，而不是靠照抄、照搬别国的经验，过分迷信西方。

为了进一步阐明中国石油地球物理勘探技术在21世纪应该努力的方向和着力解决的问题，李庆忠又用五个专题进行了详细论述。

进入21世纪后，国外兴起了一股"高密度采集"的风潮。所谓高密度，就是不断缩小道间距，减少组合甚至不组合，进而不断增加空间采样密度的做法。当然，这一高密度采集技术无论在海上，还是陆上的确取得了不错的效果，2007年，有学者还专门撰写了《高密度空间采样地震技术发展与展望》一文，对国际上比较成功的高密度采集案例进行了介绍。在李庆忠看来，这些示例更多的是海洋中的，而陆地上的却很少，仅有的一例效果也欠佳。为此，李庆忠和他的博士生魏继东联合撰写了《高密度地震采集中组合效应对高频截止频率的影响》一文，就业界过分提倡和推崇的高密度采集谈了自己的观点。李庆忠认为陆地上的高密度采集绝对不是越密越好，大地吸收作用是中深层反射获得高分辨率的主要障碍，减小组合效应并不能使地震资料的分辨率得到明显提升。此外，还要考虑投入和产出比，盲目地追求高密度，不仅造成工作量的浪费，还会在物力、财力方面给国家造成不必要的损失。

在物探工作中，进行陆上地震资料采集时检波器的组内高差要限定在2—3米，这一严格的操作规范沿用了数十年，没人提出过异议。进入21世纪，李庆忠呼吁大家根据采集地区的地质情况自行决定检波器的组内高差，而不是必须限定在2—3米的范围内。在沙漠、山地的施工中，他提倡因地、因时制宜，敢于拉开组合基距，允许±15米的组合高差。这样做虽然会牺牲一定的分辨率，但是却获得了可以用于构造解释的成果剖面，避免了以往局限于2—3米时只能获得废品记录的尴尬。在他的积极倡导下，相关部门同意对于组内高差不再加以严格限制，而是由施工人员在技术设计中结合工区的具体情况进行论证后制定执行。此举不仅为采集人员在工作中因地制宜地确定检波器的组内高差提供了管理上的保障，也为进一步提高复杂地表地区勘探资料的信噪比提供了帮助，为中国西部地震勘探困难工区解决世界性难题、提高地震资料品质开启了创新的窗口。

图 7-1　2000 年 8 月，李庆忠（前排右二）出席全国石油物探西部地区第九次技术研讨会

自 1999 年始，李庆忠就多次呼吁把检波器沿垂直大线方向拉开 150 米、组内高差允许设定 ±15 米。遗憾的是，长期以来形成的陈旧的工作思路和模式使得人们的思想僵化，他提出的这一方法迟迟得不到推广应用。于是，在 2008 年他和魏继东联合撰写了《论检波器横向拉开组合的重要性》一文，在西部山区的地震资料采集中，放炮后，大地开始震动，同时沙漠、山地中耸立的大大小小的沙丘、山头也随着大地的震动开始抖动，进而产生干扰波向四面八方传播。众多的山丘、山头产生的干扰波交错混杂在一起，犹如一曲毫无秩序的"大合唱"，严重影响了地震勘探资料的品质。

在地震仪的生产和使用中，生产制造商宣扬的最大动态范围其实不是真正可用的有效动态范围，即使扣除了仪器本身固有的噪声而获得的"瞬时动态范围"也并非是真正有效的。对此，李庆忠提出地震记录扣除了环境噪声和仪器本身的噪声后，才可以称之为"有效瞬时动态范围"。他还结合典型大地吸收衰减的情况，分析了高频信号的可记录性；通过对不同情境下干扰波强度的调查，绘制了"噪声与信号在模数转换器中的态势图"，并在理论分析的基础上提出了降低微震干扰水平、改进激发条件、对高频分量进行相对提升、进行适当组合、提高仪器的前置放大倍数、检波器串联等改进地震资料品质的途径。

针对中国在西部沙漠、山地的油气勘探开发中碰到的世界级难题，李庆忠在2012年撰文指出了在地震资料采集、处理和解释方面需要进行重点研究的课题，为未来地震勘探技术的进步指明了方向。

从陆地走向海洋

相较于陆上的石油地球物理勘探与开发，海上的石油地球物理勘探工作要复杂和困难得多，这一困难更多的是来自海洋上的风浪、水深、洋流等因素的干扰。正是由于海上工作的不确定性和危险性，中国在海洋寻找油气资源的开端要比陆上晚很多，自1958年中国在天津塘沽成立第一支海洋地震队算起，也才走过60多年的历程。

进入21世纪，在陆上油气勘探开发越来越困难的情况下，人们把探寻的目光转向海洋，希望通过物探技术的进步与提高在这里获得更多的自然馈赠。但在海洋油气的实际勘探中，工作人员却遇到了多次波的干扰与阻碍，以致清晰真实的信号不能反射上来，也就无法准确获知海底深处的地质构造情况。面对这一海洋物探界的难题，物探研究人员想出了许多办法，但实际应用效果都不太明显，特别是在多次波的能量明显强于有效一次反射波的时候更是显得无能为力，这一点在中国的黄海海域和阿拉伯半岛的红海海域尤为显著。

针对这一难题，有学者发现抛物线拉东变换（Tau-R变换）在克服多次波反射干扰方面有独到之处，这也是在多次波剩余时差不够大的情况下唯一有效的方法。沿着这一思路，李庆忠进行了深入的思考和研究，并用半年时间通过自编程序和构建理论模型进行测试验证，历经30次的修改完善，最终研制出了进行海上多次波压制的 Neptune 海神程序。这是一套高精度抛物线拉东变换克服多次波的程序包，共包含2720条 Fortran 语句、8项输出功能。该程序的特点是拉东变换的精度高，在抛物线拉东变换 Tau-R 域里能量团集中，噪声小；它的反变换采用先寻找能量团的二维极值点，确定信号的波形，然后在 Tau-R 域中切除多次波，再进行反变换，获得克服多次波的效果。中国海洋大学海洋地球科学学院童思友教授运用该程序对青岛海洋地质研究所提供的北黄海海上地震资料和胜利油田提供的林樊家地区的地震资料进行了多次波的压制，皆取得良好效果。通过验证，童思友发现运用海神程序克服多次波的关键在于务必要取准一次波的速度，进而把剩余时差小的多次波能量从 R=0 处拔出来。

在此基础上，东方地球物理勘探公司的研究人员方云峰运用此程序对南海地区的地震资料进行多次波压制测试，并与其他程序的处理效果进行了对比。他发现李庆忠研制的 Neptune 海神程序比 ProMax 的拉东变换效果更佳，但是又区别于 GeoEast 的拉东变换效果。李庆忠研发的海神程序在反变换中用时间域做二维反演，在时-空域中能直接求得多次波的波形，进而可以把它减去，此方法更适合于消除全程多次波以及分离度较大的多次波。而 GeoEast 用的是频率域（二维傅氏反变换）的反变换，可以把层间多次波一起压制掉。两种方法的工作原理不同，在处理效果上也各有所长。

自20世纪60年代，人类陆续在冻土带和大洋深处发现了一种可以燃烧的"冰"，这种"可燃冰"又被称为天然气水合物。作为新型清洁、环保能源的重要代表，天然气水合物被誉为21世纪具有重大商业开发前景的战略资源。在这一美好前景的感召下，世界上多个国家和地区的研究机构纷纷投入天然气水合物的勘探和开发工作中。中国海域广阔，在东海、南海地区可燃冰的蕴藏量十分丰富，也自然而然地加入这一勘探开发的潮流中。21世纪初，面对学术界、实业界日益高涨的研究热情，李庆忠仔细研究了天然气水合物的基本理论，并结合它的特性对中外研究和开发状况进行了梳理分析，从理性、客观的角度提出了可燃冰勘探开发的思路和规划建议。

李庆忠认为天然气水合物是一种不断逸散、不断补充、始终处于动态平衡中的一种分散矿床，同时由于它的浓度自下向上是逐渐变小的，最大的水合物含量仅8%，因此是一种极贫矿。在海洋资源开发中，一般认为含气饱和度低于30%就没有开采的经济价值，李庆忠建议在天然气水合物开发中采取客观理性的态度，既不能放弃对它的科学研究，也不能盲目乐观，过分夸大它的开发前景，避免造成不必要的财力、人力和物力浪费。要在确保安全的前提下，结合我国的实力和条件进行小规模的试采，同时进一步加强国际合作交流，进行广泛的调研，努力避免盲目、无序开采带来的风险和危害。

为师者的情怀

在李庆忠的职业生涯中，曾收到过无数家科研院所、高校以及企事业单位的聘书，有兼职教授，有学术顾问，也有技术指导……在头衔繁杂的诸多聘任中，他对2001年收到的来自青岛海洋大学（2002年更名为中国海洋大学）的关于聘任其担任海洋地球科学学院名誉院长和教授的邀请情有独钟。时至今日，他已经在这个以海洋和水产学科著称的校园里度过了20个年头，并且为中国石油地球物理勘探事业的未来发展培养了10余名研究生。

进入21世纪后，青岛海洋大学的海洋地球科学学科面临着新的发展瓶颈，地球物理勘探中的重、磁、电、震等技术方法如何有效地与海洋结合起来，"隔着几千米海水如何探测固体地球？我们就考虑请李院士来带领大家一块儿把这方面的技术与方法研究做起来。在学校的支持下，我们积极地跟老先生磋商这件事，他很感兴趣。"时任海洋地球科学学院院长的李广雪道出了邀请李庆忠到校执教的背景。

2001年年初,青岛海洋大学海洋地球科学学院党总支书记赵庆礼和刘怀山教授带着学校领导的嘱托和信任抵达涿州,他们此行的任务除了对石油物探界的老前辈李庆忠院士进行礼节性的看望和问候,还要设法劝说他前往青岛海洋大学执教,为学校海洋地球科学学科的发展建设和人才培养提供指导与帮助。谈起当时邀请李庆忠院士到校执教的情景,刘怀山记忆犹新:"我和他说青岛这个城市的环境很好,而且学校的科研氛围也非常适合他,还有许多青年教师和博士生可以组建研究团队,由他带领大家一起干。"在刘怀山等人的游说下,李庆忠最终接受了青岛海洋大学的聘请。当时任石油地球物理勘探局局长的徐文荣得知李庆忠要去青岛执教后,百般挽留,最后在青岛海洋大学和物探局的反复协商下,决定采取"双聘"方式,即李庆忠半年在涿州工作、半年在青岛工作。为便于李庆忠更好地开展科学研究,物探局出资100万元,同中国海洋大学共建一座复杂油气田物探方法实验室,由李庆忠牵头组建团队,进行复杂油气田勘探方法的创新性研究,着力解决油气勘探开发的疑难杂症。

在李庆忠的带领下,依托复杂油气田物探方法实验室,学校打造了一支由"筑峰人才工程"教授、"青年英才工程"研究人员组成的十多人的研究团队,团队先后参与申请了国家自然科学基金重点项目、青年科学基金项目、"863"计划项目等科研项目100余项,获得多项发明专利、省部级奖励。

在中国海洋大学工作的日子里,除了开展科学研究,李庆忠把更多的精力放在物探人才的培养上。2009年,他给物探局领导写了一封信,在信中,他表达了希望做好知识传承,并计划借助中国海洋大学的育人平台为国家物探事业的发展培养一部分人才的想法,请单位推荐人选。

"在参加中国海洋大学的博士生招生考试前,李庆忠院士先和我们进行面谈,在了解我们的研究方向后,最终选择了我们4个人去参加考试。"博士生方云峰依然记得当时博士报名选拔的情景。"他主要看我们以前做过什么研究项目,写了什么论文,科研思路行不行,是否具备进一步深造

图 7-2 2004 年，李庆忠（左二）在指导学生

的潜力，还要综合其他因素进行考虑。总之，在学生的选拔上，他还是比较严谨的。"首次入选的博士生侯爱源说。

在学生的培养方面，李庆忠的严谨是出了名的，而且喜欢刨根问底式的较真，许多学生都害怕见他，但又不得不见。无论何时何地，见到学生，李庆忠都喜欢问两个问题：最近忙什么呢？有什么成果？

李庆忠指导的研究生中，有些是在职攻读学位，但李庆忠不会因为他们忙就放松要求，依然一视同仁，甚至对他们抓得更紧，学生们都知道跟着他读书、做科研除了多付出、下苦功夫，没有别的选择，三年不能毕业就四年，四年不行就五年，甚至六年或者更长时间。待发表的论文几乎都要修改十几遍，编制的程序要经过实践的数十次检验和试算，待出版的书稿要修改几十遍，李庆忠一丝不苟的治学风格给学生们留下了深刻的印象，也在潜移默化中影响着他们的言行，并转化成为他们在未来工作中的良好习惯。

李庆忠教给学生的不仅有严谨求实的治学精神，还有勤奋执着的科研劲头。在李庆忠的脑海中没有工作日和休息日之分，他的最大爱好就是工作，几乎每天都在研究和思考科学问题，在学生培养方面亦是如此。没有时间和空间概念，只要他有想法、发现问题，随时都会给学生打电话。张海燕说，有时候她在校外，接到导师的电话就很紧张，总担心记不下来导师说的问题和事项。她记得有一年中秋节，李庆忠夫妇邀请众多学生去家中做客，别人都在谈笑风生，李庆忠却和张海燕在一旁探讨学术问题。老伴梁枫实在看不下去，就喊他："李庆忠，大过节的还在讨论，快让海燕出来玩。[①]"有时候他和学生讨论问题，一谈就是一上午，连口水都不喝，学生们就劝他喝点水，他却说："喝水还要跑去上厕所，太费时间了，会把我的思路打断。[②]" 2009 年做完心脏手术后，医生让他静心疗养，在青岛八大关的疗养院里，他却天天忙着调试各种程序。学生吴志强打来电话问候，他就高兴地说："我告诉你，我又编了一个大程序。[③]"却很少谈及自己的身体状况。老伴梁枫打趣地说："我才是疗养，他那是工作。[④]"

尽管李庆忠半年在涿州工作，半年在青岛工作，而且又是年事已高的院士，但在学生的指导和培养方面，他始终坚持亲力亲为，几乎是师傅带徒弟似的手把手地指导学生，而不是放任不管。他的博士生吴志强属于在职攻读博士，因为平时工作比较忙，有时候在学习方面就有些顾不上。所以，当科研工作涉及一些基础性的计算工作时，李庆忠尽量不去麻烦他，而是亲自动手把程序编好，并附上详细的使用说明发给吴志强。在选定研究方向的时候，吴志强向李庆忠提议最好和他从事的海洋地质调查工作相结合，不然的话，他就太累了，李庆忠就积极地帮助他收集整理有关天然气水合物勘探的资料。一年后，吴志强工作发生变动，转到南黄海从事油气勘探工作，李庆忠又帮助他收集南黄海方面的资料，共同梳理难点问题，积极开展研究。

学生的事，在李庆忠眼里永远是天大的事。张海燕在硕士研究生阶段

---

① 张海燕访谈，2015 年 9 月 1 日，青岛。资料存于采集工程数据库。
② 同上。
③ 吴志强访谈，2015 年 10 月 22 日，青岛。资料存于采集工程数据库。
④ 同上。

学的是信号处理，在报考博士研究生时，她总担心和李庆忠的研究方向不相关，考上的希望渺茫，李庆忠就鼓励她"只要你想读博士，没有克服不了的困难。好好学习吧，争取能考上。①"李庆忠还建议她把地质方面的基础知识补习一下，并为她写了推荐信，让她去读海洋地球科学学院本科生的课程。当任课教师孟凡顺教授拿到李庆忠的介绍信时，深深折服于他做事的认真与负责。

一方面考虑到自己年事已高、精力有限，另一方面也不想让学生失望，所以李庆忠在研究生招生数量方面一直控制得很紧。有好心的教授找他商量，表示可以把自己名下的研究生转给他培养，被他婉言谢绝。他说，他不能给别的学生挂名，他要对学生负责。毕业十年后，他的学生王建花依然感觉自己是幸运的，因为从来没有一位老师在她的学业培养上花费如此多的精力，况且还是一位年逾古稀的老人。

图 7-3　2006 年，李庆忠（右四）参加博士生论文答辩

① 张海燕访谈，2015 年 9 月 1 日，青岛。资料存于采集工程数据库。

令学生们受益良多的除了李庆忠严谨、勤勉的教学和科研风格，还有他对待未知领域的好奇以及生活中乐观豁达、虚心好学的积极心态。凡是和李庆忠有过交往的人，都会对他时常挂在脸上的微笑以及和蔼可亲、平易近人的性格所吸引，而这些都源于他乐观的生活态度和开阔的心胸。2009年春，李庆忠身体不适，在北京做了心脏搭桥手术，生病中的李庆忠依然心态平和，保持着对新鲜事物不断探究的兴趣。据吴志强、张海燕等人回忆，李庆忠把医生给他做的各种检查结果和数据资料都扫描进电脑，打印出来，逐一进行分析探究，如同看地震剖面资料一样。他认真地向医生、护士请教，并给前来探望的学生们讲解心脏保养和检查的注意事项，连在场的医生都称赞他快赶上实习大夫的水平了。

李庆忠始终秉承"活到老学到老"的心态，与时俱进、不断学习新知识，对中国石油物探事业的每一点进步他都看在眼里、喜在心里，"即使不是他做的，只要有成就，他就非常兴奋，那种兴奋简直就像孩子见到糖一样。[1]"而且他一直都在阅读石油物探行业最前沿的杂志和书籍，掌握业内的最新动态。他每年都会参加东方地球物理勘探公司的年会，会上认真听取各分公司的年度汇报，了解最新的生产成果和现实中的难题，并把这些成果、难题与自己的理论研究相结合，再带到中国海洋大学的课堂上，与学生们一起分析、论证和创新。在计算机运用方面遇到不懂的地方，他也会认真地向学生们请教。"他不会说年龄大了，学不会了。他觉得什么都可以学，在学习的道路上没有'年龄大'的说法，一定要活到老学到老。[2]"王建花对导师持之以恒的学习劲头深有感触。

多年来，李庆忠淡泊名利、严以律己的道德修养也潜移默化地影响着身边的学子。在中国海洋大学海洋地球科学学院，无论是李庆忠的学生，还是他的同事，谈起李庆忠为人处世的风格皆赞叹不已。一年中的大部分时间，除了偶尔参加一些学术交流、科技研讨的会议，他都在办公室里工作，石油系统里的评奖会、评审会他很少参加，特别是取酬的评委，他坚决不当。每到学生毕业前夕，有的老师就来邀请李庆忠去当评委，参加研

---

[1] 张海燕访谈，2015年9月1日，青岛。资料存于采集工程数据库。

[2] 王建花访谈，2016年3月14日，北京。资料存于采集工程数据库。

究生的毕业答辩会。李庆忠就请人找来参加答辩的学生的论文先看一下，一方面看看学生的研究方向适不适合自己去评，如果研究领域不同，他就不去；二是如果发现有些论文写的质量不高的话，他也不去。他担心要是现场指出来的话，容易让人不舒服；但如果他不说，又违背自己做人做事的风格，干脆推辞不参加。有一次，李庆忠给中国海洋大学的学生作了一场关于复杂油气田综合勘探技术新进展的报告，会上一些校外的专家、学者提出了自己的看法和观点，李庆忠认为不是很严谨，有值得商榷的地方。第二天，他又找到海洋地球科学学院的领导说希望把昨天听报告的师生再组织起来，他再作一次报告，因为在研讨会上他听了个别专家的发言后觉得有些是不合适的，当面反驳又不太好，但还是要改正这些观点。在第二场报告中，李庆忠重点对前面报告中专家发言的疑点和错误一一作了论证和解释。

  李庆忠也不会利用自己"院士"的名号去争资源、要项目，更不允许别人打着他的旗号去申请各种项目、申报各种奖项。他不仅自己不这样做，还积极地与一些不好的现象做斗争。有人说他是与别人"唱反调"，但只要他认为是对国家有益的，他就坚持到底。有一段时间，国内物探行业的许多人都在追逐和研究高分辨率、高精度地质勘探，可谓热度空前，有的油田甚至不惜重金从国外购买设备，一支地震队的设备配置至少需要花费4—5亿元。李庆忠认为中国目前的物探工作不需要投入这么大，投入和产出不成正比，明显是在浪费国家钱财。周围的朋友劝他不要与别人唱反调、给人家泼冷水，既然国家有钱就买吧，即使现在用不上，将来技术进步了也会用得上的。李庆忠却不以为然，依然继续坚持自己的观点，并发表文章对这种浪费国家物力、财力的现象进行质疑和批判。有的油田想委托李庆忠帮着构建一套油气勘探开发的技术系统，并允诺会设立数千万的项目，李庆忠觉得这对于物探技术的创新发展没啥帮助，坚决不干。李广雪说："他不会领着大家到处要项目，但是会领着大家做学问。①"他实事求是、淡泊名利、严以律己的个人修为是广大青年学者探索真理、

---

① 李广雪访谈，2015年9月25日，青岛。资料存于采集工程数据库。

勇攀科学高峰的精神之梯。

在中国石油物探人才培养的道路上，李庆忠不仅专注于研究生等人才的指导与培育，还积极地参与到中国海洋大学、中国石油大学（北京）等高校的本科生培养中，通过讲座、报告会和论坛等方式，向广大热爱石油物探事业的青年学生讲述中国石油工业走过的坎坷历程以及国内外生产实践领域的最新进展和将来需要突破的方向、难点等。多年来，他先后在中国海洋大学、中国石油大学（北京）作了多场讲座和学术报告，结合他的成长、工作经历，以讲故事的方式娓娓道来，在春风化雨、润物无声中引导广大青年师生坚定信念，树立为国家石油物探事业做贡献的远大理想。

岩性油气田勘探与多波地震勘探

进入 20 世纪 90 年代，中国的油气勘探渐渐转入岩性油气田的探寻与开发中，并成为石油工业生产界和学术界持续关注与探讨的热点话题。中国大庆油田的扶余油层、杨大城子油层是典型的岩性油田，甚至"鄂尔多斯盆地出现了满盆子油、半盆子气的局面[①]"。此外，长庆油田、准噶尔盆地新探明的石油地质储量都是典型的岩性油田。

岩性油气藏的圈闭条件是由储油层本身的岩石性质变化造成的，与常见的构造油气藏相比，岩性油气藏更具隐蔽性、特点更鲜明、成藏规律更复杂、勘探开发难度更大，对勘探技术的要求也比普通油气藏高很多。中国岩性油气田勘探开发的潜力还是十分巨大的，但由于生产操作人员在勘探开发中直接照抄照搬国外寻找水下河道砂（浊积砂）的经验，忽视了对中国陆相沉积特点的研究和认识，以致在解释中出现了诸多"陷阱"，没有取得良好的勘探开发效果。

---

① 李庆忠，张进：《岩性油气田勘探——河道砂储集层的研究方法》。青岛：中国海洋大学出版社，2006 年，第 1 页。

图7-4 《岩性油气田勘探》

进入21世纪后，李庆忠结合陆相河道砂的沉积规律，归纳了他在20世纪80年代提出的关于"近代沉积与地震地层学"的有关研究内容，并借助中国天文学、地震学和水灾水文学方面的记载资料，以长江和黄河的历史变迁为例，指出陆相沉积形成的是一个非常复杂的混合体。在进一步分析试验的基础上，2006年，李庆忠和张进博士共同编著了《岩性油气田勘探——河道砂储集层的研究方法》一书。

李庆忠认为陆上河道和水下河道是有差别的，在国外的地震勘探实例中之所以能发现清晰、漂亮的河道，是因为它们绝大多数都是水下河道。而中国的地震资料中之所以出现不了这样漂亮的河道，是因为中国的储集层是陆相河道，它们在地质历史时期不停地变动和改造，进而增加了发现和研究的难度。正是由于这种认识上的不足，以致在陆相地层的河道解释中存在四种误解："一是把大型的侵蚀谷当成河道；二是把地震剖面上的下切部分简单地解释为河道或者把弱相位的某些局部拱起当成河道砂；三是把根据少数钻井数据得出的砂岩厚度分布形态当成河道；四是在地震的切片中把像线条状的结构笼统地解释为河道。"[1]

鉴于上述误解和陷阱，李庆忠在岩性油气田勘探资料解释的改进中提出了"视同相轴"[2]的概念。凭借这一概念，在陆相地层中，解释人员大体上可以判断出砂岩厚度较大的地方。此外，针对地震解释河道的方法中存在的一些偏向，如单纯热衷于寻找一条一条细长的河道、在小面积的三维

---

[1] 李庆忠，张进：《岩性油气田勘探——河道砂储集层的研究方法》。青岛：中国海洋大学出版社，2006年，第6-7页。

[2] 由地下岩性变化造成的反射同相轴的产状偏离沉积等时面，上下漂移游动的轴。

地震切片上妄图准确判断河道及砂岩物源方向等，他借助大量的砂泥岩互层理论模型测试，得出了"垂向分辨率的定义以 1/8 视波长为最合适，此时在砂泥岩互层的条件下，波阻抗反演对砂层分布的推断有 70% 以上的符合率"。[①] 当然，在一些特殊情况下，也可以把垂向分辨率定义到 1/16 视波长。

1978 年 5 月，李庆忠作为石油部和中科院组织的考察团成员之一前往美国参加海洋技术 OTC 年会，后又赴美国的西方地球物理公司、埃克森石油公司、美孚石油公司和雪佛龙石油公司访问。在访问期间，美方向中国考察团展示了他们在多波地震勘探方面的先进技术，其主要内容为"横波不亮、纵波亮"，据此可以指示含油气层位，减少亮点的多解性。考察团觉得这一技术不错，就建议物探局从西方地球物理公司购进了一套产生横波的可控震源，并于 20 世纪 80 年代在内蒙古地区进行了试验，获得了信噪比较高的横波剖面，但是也遇到了纵波、横波波形无法对比的难题。相关的物探技术人员专门进行研究，也没找到解决办法，最终这套花高价买来的设备被搁置一旁。这一经历使李庆忠意识到多波地震勘探的最大难点是纵波、横波的层位对比问题，在此后的研究中，李庆忠一直思考解决这一难点的办法。直到后来，他从事 AVO（振幅随偏移距的变化）研究，获得了灵感，并尝试从纵波叠前资料推算横波参数，在摸索中看到一丝曙光。

1999 年 5 月，在参加中海油组织的一个多波地震勘探项目的验收会上，李庆忠对他们利用多波地震勘探技术解决"气云"问题和识别真假亮点方面取得的成绩表示祝贺，同时也指出了该技术在研究陆相沉积薄油层的泊松比等储集层参数方面恐怕难以奏效，还提出了可以用 AVO 获得多波参数。同年 9 月，李庆忠在新疆石油管理局做报告时指出，多波地震勘探"对于薄油层恐怕是无能为力的，因为纵、横波层位对不上，无法求准

[①] 李庆忠，张进：《岩性油气田勘探——河道砂储集层的研究方法》。青岛：中国海洋大学出版社，2006 年，第 71 页。

第七章　结缘海洋

泊松比"。① 对他的这一观点，许多与会者不以为然，甚至有人说他对新技术的认识和态度有问题。

21世纪初，物探人员在鄂尔多斯盆地苏里格庙气田的勘探中采用了多波地震勘探，还从国外购买了4000个数字检波器和System Ⅳ地震仪。在大多数人都在为"我国进入了全数字、多波采集的新时代"而欢呼高兴时，李庆忠又泼了一盆冷水，他指出不同检波器所获得的地震剖面效果没啥差别，因为地表土壤是最坏的弹性介质，并指出数字检波器的真正优势和意义在于室内资料处理中"地表一致性反褶积"，这才是大家应该关注的重点和关键。令人遗憾的是，在当时石油物探界普遍追捧多波地震勘探的浪潮中，他的声音显得过于微弱。

2004年，有油田购买了多波地震仪和三分量数字检波器，李庆忠摆事实讲道理，提醒他们慎重考虑，依然无法阻止他们追逐多波地震勘探的高涨热情。

李庆忠说，他不反对大家追逐新鲜事物和探求新式技术方法，但是一定要认清它的本质和特点，搞清楚其运行的原理。他不否认多波地震勘探在克服"气云"干扰、减少识别含气砂岩层的多解性方面存在的优势，甚至在纵波无法反射的困难工区（如存在浅层强反射界面屏蔽作用的鄱阳湖地区）或者像玄武岩地区（如内蒙古的玄武岩出露区）反射资料的改进方面也可能发挥重要作用。

为了系统全面地展示和论述多波地震勘探的难点与不足，避免在中国石油物探事业的发展中出现盲目崇拜、过分迷信西方技术的不良风气，也为了增强中国物探技术人员的独立思考和判断能力，提升自主创新意识，2007年，李庆忠和王建花博士一起编著了《多波地震勘探的难点与展望》一书。

在书中，李庆忠先后对法国地球物理总公司多波地震勘探实例、阿莫科公司利用快慢波分裂技术寻找裂缝发育带的实例、俄罗斯西西伯利亚地区的多波地震勘探实例以及中国莺歌海海上多波地震勘探的实例、鄂尔多

---

① 李庆忠，王建花：《多波地震勘探的难点与展望》。青岛：中国海洋大学出版社，2007年，第2页。

斯盆地苏里格庙气田多波地震勘探的实例进行了分析解读，并在此基础上指出多波地震勘探的最大难点是"如何使纵波和横波或转换横波剖面中的对应层位进行准确的对应"。① 针对此种困难，李庆忠和王建花认为未来多波地震勘探发展的出路应该寄希望于"从纵波的 AVO 资料入手直接反演求取弹性波参数，这样得到的纵波剖面和横波剖面中每个样点的 T_0 时间是准确的一一对应的"。② 并给出了三种依靠纵波资料反演弹性参数的方法。

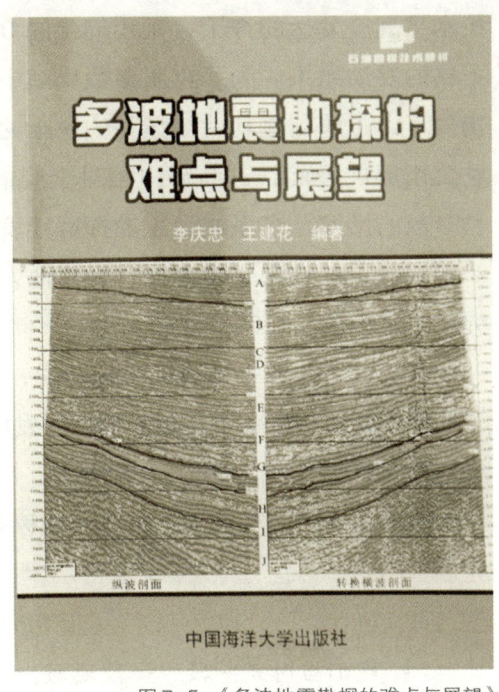

图 7-5 《多波地震勘探的难点与展望》

李庆忠在书的结语中写道：多波地震勘探作为一种新兴的正在不断发展探索中的技术方法，还有诸多不尽如人意的地方，应该客观理性地分析其优缺点，在物探实践中扬长避短。如对我国较厚油层地区，可以采用该种方法；油层比较薄的地区，就不宜运用，而应该考虑利用纵波的 AVO 资料直接反演求取弹性参数。他也同时指出，在利用纵波 AVO 资料直接反演弹性参数的过程中也面临着许多待解的难题，如利用纵波叠前反演纵、横波速度和密度的技术还有待提升和完善，特别是反演的横波速度和密度的误差还是比较大。鉴于 Zoeppritz 方程的 AVO 技术在油气勘探中会产生较大的误差，李庆忠和王建花建议放弃此种方程，转为采用 Brekhovski 创建的层状介质公式进行 AVO 研究。尤其是在计算

---

① 李庆忠，王建花:《多波地震勘探的难点与展望》。青岛：中国海洋大学出版社，2007 年，第 70 页。

② 李庆忠，王建花:《多波地震勘探的难点与展望》。青岛：中国海洋大学出版社，2007 年，第 125 页。

机水平高度发达的今天，采用简化的 Brekhovski 公式，他们已经取得了不错的反演结果。为了克服参数反演中存在的多解性难题，在李庆忠的指导下，王建花在其后续撰写的博士论文中通过一些方法的创新设定令它跳出局部最优，进而得出相对全局最优，并结合 AVO 资料获得了多种参数的反演。在多波地震勘探后续发展研究的实践中，他们提出的这一方法理论被认为是超前的，为其他人员在十多年后的今天继续探索研究奠定了基础、开辟了方向。

谈及该书的成书历程，王建花说，从 20 世纪七八十年代，李庆忠就开始持续关注和追踪多波地震勘探的发展前景和应用情况，并从国内外收集整理应用这一勘探方法的实际案例。经过反复的思考和验证，在 2002 年开始着手图书的编写工作，2005 年成稿后，又用了近两年的时间进行修改完善。

> 我们当时是一段、一段地写，然后一段、一段地反复读，以避免歧义，使读者阅读顺畅。在这本书成稿以后，我们还做了 30 多稿的修改。李院士这种非常严谨认真的态度令我们这些后辈非常的钦佩[1]。

---

[1] 王建花访谈，2016 年 3 月 14 日，北京。资料存于采集工程数据库。

第八章
为霞满天

晚年的李庆忠，依然心系石油地球物理勘探事业，始终站在这一领域的前沿，在把握物探技术发展进步脉搏的同时，针对生产实践中涌现出的问题和难点，孜孜以求、勤于探索，不断提出新的观点和解决问题的思路与方法。

时至今天，已步入鲐背之年的他仍然坐在电脑前亲自编写程序，验证相关理论，测算科学数据，分析地震资料。不知不觉间，他已在编程的道路上跋涉了 30 余年，用 BASIC 和 FORTRAN 语言编写了数百个地震勘探的理论论证程序，并形成了一个完整的 SEISPLOT 程序包。进入 21 世纪后，李庆忠结合自己多年的知识积累和研究经验，对石油地质的基本理论之———有机生油理论产生了怀疑，他决定"班门弄斧"，研究和解读"无机生油论"，并积极在学术杂志上撰写理论文章与有关学者进行争鸣、探讨。

晚年的他不断梳理、总结自己的工作经验和学术成果，既有地震勘探的基础理论，也有各种地震信息的利用和物探方法的改进等，最终形成了一部沉甸甸的著作——《寻找油气的物探理论与方法》。这既是李庆忠本人为中国石油物探事业勤勉奉献一生的真实写照，也是中国石油物探技术创新突破的生动总结与中国石油工业发展壮大的缩影和见证。这一文集，在总结既往的同时，也启迪着未来，为后来人照亮了中国石油物探事业的前行路。

三十余载编程路

在地震资料的数据处理和正演模拟上，李庆忠一贯亲自动手编写相关程序用于计算、验证和制图，有时甚至自编几个配套程序用以理论计算。自20世纪80年代至今，他已经走过了30余年的编程生涯，其间，积累了200多个程序模块，形成了一个完整的SEISPLOT程序包，被誉为物探行业的宝贵财富。2014年他加以整理，交给了中国海洋大学海洋地球科学学院用于研究生的培养。

在20世纪80年代初期，伴随着改革开放政策的推进实施，中国开始引入许多国外的高新技术和设备，计算机得以在中国石油物探事业的发展中迅速推广并投入使用。在涿州物探局担任副总工程师的李庆忠深知计算机在地震资料处理方面的重要性，就夜以继日地自学操作规程以及BASIC、FORTRAN编程语言。当时的IBM计算机普遍安装的是DOS操作系统，就是借助这些初级设备，李庆忠运用自学的编程语言几乎把所有的地震数据资料处理算法和打印机程序都编写了出来。

从那时起，李庆忠迷恋上了计算机，特别是在编程方面，这一坚持就是30多年。李庆忠有一句口头禅——"必须要去检验它"。不管是什么先进的方法和理论，李庆忠都是先进行观察和了解，觉得不错再做详细的调研，之后再自己编写程序去检验它。

在编程的道路上，李庆忠奉行与时俱进的原则，先前编好的程序也要随着生产实践的需要和科学技术的创新不断修补完善，所以即便是20世纪80年代的一些旧有程序，他依然持续不断地进行修改和完善，使其日趋完美，更加适应新形势下的物探工作需要。20世纪90年代，针对地震勘探中出现的强面波对有效反射波的干扰问题，李庆忠编写了内切滤波法去面波的DEGROR程序。当时物探界在对付强面波方面普遍采用的方法有局域振幅处理（ZAP）、内切切除、地表一致性振幅均衡等方法，但是效果不佳，因为此类方法往往在压制面波的同时，也压制了有效波，以致没有达到工作人员的期望值。在深入分析研究这些方法的优势与不足的基础上，李庆忠结合自己的思考和论证，认为在克服强面波方面最合理的办法还是应该采取外科手术的方法——内切滤波法。此种方法的工作原理为："仅在内切区之中作一次低截滤波，仅滤去低频面波的能量，而保留有效波的中、高频，同时在内切区之外保留所有的信息。"[①]

这一程序使用方便，可自动寻找记录上强面波的所在位置进行剔除，运算速度也十分快捷，还不影响有效波的振幅调整。程序研制成功后，李庆忠不断根据现实生产需要进行调整更新达 6 个版本之多，而且经过实际生产测试，其研发的 DEGROR 程序与国外流行的三维 3DFKK 去面波方法相比效果更好、预算速度更快。

图 8-1　1991 年，李庆忠在计算机前编写程序

在编制程序的过程中，李庆忠一丝不苟、极其缜密，为了确保程序的准确性和精确性，他会不厌其烦地反复修改、测试、完善。据童思友回忆，当年他跟随李庆忠一起编制高精度多次波压制程序时，李庆忠先是用一年时间试算了 20 个版本后才把程序初步确定下来，然后再带领学生把这一程序模块移植到东方地球物理公司的整个软件系统中。为了实现与原有系统软件的高效无缝对接，他们边移植、边调整、边测试，最终在第 36 个版本才移植进去，这一移植过程又花费了近两年的时间。在童思友看来，导师这种追求完美的精神已经达到如痴如醉的境界，"在程序调试的过程中，他总想做得更加完美，可以说没有最好、只有更好"。[②] 更有甚者，李庆忠在指导学生的过程中，一套程序会编制出上百个版本，这在别人身

---

① 李庆忠：内切滤波法去面波——DEGROR 程序使用说明。见：李庆忠编著，《寻找油气的物探理论与方法——方法篇》。青岛：中国海洋大学出版社，2015 年，第 172 页。

② 童思友访谈，2015 年 9 月 1 日，青岛。资料存于采集工程数据库。

上都是不可能发生的。

李庆忠绞尽脑汁、冥思苦想编制出的一套套程序，既是他才学和智慧的结晶，也是他夜以继日、呕心沥血一个字一个字敲出来的丰硕成果。在常人看来，科研人员对于自己的劳动成果分外珍惜、爱不释手是理所当然的，可李庆忠在喜欢的同时，却没有孤芳自赏，也没有靠这个发家致富，而是表现出了常人难以理解的无私与大度。他研制成功的程序不仅会率先在东方地球物理公司得到应用，而且其他单位的技术人员、学者前来讨教时，他也会毫无保留地提供给他们，与志同道合者一起分享，协同推动中国石油物探技术的进步与提高。

20 世纪 80 年代，在中海油渤海石油研究院担任院长的王志君慕名找到李庆忠，向他请教石油勘探方面的难题，李庆忠毫无保留地把自己多年积累的程序源代码给了他，让他去使用、去检测、去调试。时隔多年，已经担任中海油研究总院副院长的王志君在谈起当年的经历时依然为李庆忠的宽广胸怀所感动，"李院士将他的研究成果无偿地公开给大家，希望大家都进步，希望大家在地震勘探方面走得更靠前一些。这种无私的精神永远令我们感动，也激励着我们不断前行"。写程序是非常耗费脑力和体力的一项工作，程序代表了一个人的研究成果，李庆忠不仅把执行代码给别人，还把源代码一并毫无保留地与大家共享。

> 导师的行为，不仅促进了两家企业的技术交流，也说明在他内心深处是真正以国家石油物探技术的发展进步为奋斗目标的。在他从事科研的道路上，无论面对的是中石油、中海油，还是中石化，他是不会存在行业偏见、单位壁垒和技术保密的，谁来找他，他都是真诚无私、慷慨大方的[①]。

在地震勘探技术发展的历程中，水平叠加技术的提出是至关重要的进步，在推动中国乃至世界石油物探行业的发展中立下了汗马功劳。但随着

---

① 王建花访谈，2016 年 3 月 14 日，北京。资料存于采集工程数据库。

时间的推移，进入20世纪90年代后，物探人员发现该技术存在诸多缺陷，如动校拉伸及层间横向波形干涉作用使水平叠加导致高频信息受损；叠加速度稍有误差时，高频信息就会遭到破坏；AVO变化时，水平叠加会给出错误的振幅值等。针对这一系列问题，李庆忠在研究分析的基础上，于1992年编写出了用剔除拟合法求纵波正入射剖面的DELFIT程序。这种剔除拟合法采用一边剔除一边拟合的方法，使多次波和随机噪声基本上得到克服，同时，还具有不受动校正速度微小误差影响的优势。凭借这些特点和优势，这一程序先是被安装到GRISYS地震资料处理程序包中，后来又集成到东方地球物理公司的GeoEast系统软件中，广为一线生产实践人员接受和认可，被认为是一种极有前途的取代水平叠加的地震资料处理技术。

为了更好地发挥这些程序的作用，在中国海洋大学的教学中，李庆忠又毫无保留地把他的SEISPLOT程序包拿出来供学生练习、研究使用。"我们整理的这些程序使用说明就有500多页，他觉得只要有助于研究生的培养，能让学生快速成长，他前期编程的付出就没有白费，也才能体现这些程序的价值。"[1]

现如今李庆忠依然每天不得闲，在电脑前思索着、敲击着，他熟悉的编程语言已经从BASIC、FORTRAN演变成了C语言，计算机的操作系统也由原来的DOS系统换成了Windows。一天天，一年年，他在编写创造新的物探程序方法的同时，也在编织着中国石油物探技术的未来与希望。

"无机生油"理论

自19世纪70年代俄国著名化学家门捷列夫提出"石油矿物成因假说"后，围绕石油的生成原理一直存在"有机生油"和"无机生油"两种学

---

[1] 张进访谈，2015年9月1日，青岛。资料存于采集工程数据库。

说，而且两派持续争论了一个多世纪，至今依然没有停息。

有机生油论者认为石油是远古时期的生物（水生藻类）死亡后自然埋藏，在一定的温度、湿度和压力条件下历经漫长的岁月变化而成的，并最终在20世纪70年代提出了有机生油学说——沉积物中不溶有机质干酪根热降解成烃（油气）学说。在这一基础上，衍生出了许多寻找油气矿藏的准则，如"有机质丰度高的优质成熟－高成熟烃源岩发育的地区必然是找寻大油气田的有利场所"。在其后的生产实践中，这一学说被奉为石油地质科学的重要基础理论之一，被越来越多的人所接受和认可。

进入20世纪80年代后，随着石油勘探开发技术的发展与进步，有学者发现人们广为倡导的有机生油理论存在缺陷和问题，甚至妨碍了新区、新层系的勘探与开发。无机生油学说再次被学术界重提，并有学者进行了一系列的论证和研究，认为应该重新审视石油的生成理论，至少不应该局限于用有机生油理论指导生产实践，倡导一种"二元论"的找油指导思想。甚至有学者撰文指出，进入21世纪后，如果中国的油气勘探继续以有机生油理论为基础是没有前途的，必须转到无机生油的轨道上才能有所突破并实现可持续发展。

李庆忠也是无机生油理论的倡导者之一。他结合自己多年在胜利油田地质指挥所工作的经验，从石油地质的基本理论"生储运，盖圈保"着手，进行了深入细致的研究分析，认为以往大家倡导的有机生油理论存在诸多疑点和无法解释的地方。有机生油理论的一些观点和方法虽然在现实生产中确实能指导找油，但这其实是一种盖层指标以及与油苗相类似的直接找油指标。针对有机生油理论中提出的石油是在低温的暗色泥岩中生成的观点，李庆忠认为，至今没有一个人可以在实验室里证明在50—100℃的温度范围里有机物可以生成石油。但现实生活中，在一些地温很低的地区却含有丰富的石油资源，如中国的大庆油田地温为60℃、俄罗斯的伏尔加－乌拉尔含油区地温长年维持在40℃。所以，李庆忠认为，有机生油理论只能称作是一种"学说"，并没有被理论证实。

2003年年初，李庆忠根据多年的思考，对其掌握的有关无机生油资料进行了梳理和研究，撰写了《打破思想禁锢，重新审视生油理论——关于生油理论的争鸣》一文，并刊发在2003年《新疆石油地质》杂志上。文中列举了22条对有机生油理论的质疑意见，并由此指出有机生油理论只是一种"假说"，还不能称为科学的系统理论。在油气资源的勘探中要打破原有的"一元论"（有机生油论）的束缚，采取两种理论并行的思路——既要运用有机生油的一些指标，但又不能过于迷信它，不能总是不假思索地认为只能在"生油层"附近打井，还要考虑到油源可能是在地层深处，进而开拓钻探的视野和思路，开辟新区和新层系。

李庆忠的文章刊发后，一石激起千层浪，在石油地质学界产生了广泛影响，特别是他作为中国工程院院士的身份，更是产生了不小的震动。2005年，黄第藩、梁狄刚在《石油勘探与开发》杂志撰文与其商榷石油生成的理论基础问题。[①] 在文章中，两位学者认为中国的油气勘探应该继续充实和发展新的油气有机生成的理论体系，向非常规油气藏进军，而不是用无机生油理论调整中国的油气勘探战略，这是缺乏科学依据的，也将是石油工业发展史上的一场灾难。他们认为无机物是可以生成甲烷、二氧化碳等气体的，但却不能形成大规模聚集的气田，况且至今也没有找到一座令人信服的无机生成的油田……

在阅读了黄第藩、梁狄刚的文章后，2006年，李庆忠又提出了16条支撑无机生油理论的意见发表在《石油勘探与开发》杂志上。虽然双方的争论没有明确结论，但李庆忠建议在没有彻底搞明白之前，希望维持"二元论"的思想，用"二元论"指导油气的探寻工作；而不是仅保留一种声音，让有机生油学说一家独大。只有通过学术争论，才能使未来的石油勘探工作考虑得更加全面、细致，找油的视野更加宽广。

[①] 黄第藩、梁狄刚：关于油气勘探中石油生成的理论基础问题——与无机生油论者商榷。《石油勘探与开发》，2005年第32卷第5期，第1—10页。

著书立说不停歇

老骥伏枥，志在千里。在持之以恒致力于物探新技术、新理论研究与探索的同时，李庆忠还对自己多年来的工作经验、实践历程和学术思想进行了梳理与总结，历时 5 年，编著了 270 余万字的李庆忠文集——《寻找油气的物探理论与方法》（基础篇、方法篇和争鸣篇）。谈及编写这套文集的初衷，李庆忠说：一是为了记录下地震勘探的技术进步，二是试图探讨进步道路上的是非曲直。

在文集的编纂过程中，李庆忠本着慎重严谨的态度，不仅对以前发表的部分文章进行了修改完善，还为了便于读者阅读、易于掌握物探科技的连贯发展进程，把部分从未发表过的成果以及与所述内容有重大关联的文章进行了整理并收录进来，供读者对比、判断和思考。为了使文章更加通俗易懂，他在文章中插入了大量的图幅，并且坚持对其中的每一张图、每一个表、每一个数据都亲自绘制和进行程序验证，还在每篇文章的标题下面添加了"书签导读"，方便读者参阅。根据与出版社签订的协议，这套

图 8-2　2015 年出版的李庆忠文集

文集原计划于 2014 年 10 月出版，但因为李庆忠坚持逐字逐句对文章进行审核、检查，以致出版日期推迟了一年有余。

编纂过程中，有周围的同事或朋友发现个别文章中倡导的观点与当下的潮流是相悖的，建议他不要收录进去。但他依然坚持自己的观点，甚至做好了与他人对簿公堂的打算。他在文集的自序中写道：

> 我认为我的这些"奇谈怪论"不一定是正确的，甚至可能有片面性。但是，在今天物探市场"商业炒作"盛行，以及"你好，我好，大家好"的文风里，我的文章只要能够引发大家对问题的深入讨论，我就心满意足了。此文集出版后，我没有奢望大家能够加以赞许。相反，我做好了面对反面意见对我的批判的思想准备。潮流是一种强大的力量，很难抵挡……随着时间推移的考验，是非曲直慢慢地会得到澄清[①]。

图 8-3　2016 年 5 月，李庆忠（左）与东方地球物理公司总经理苟量为文集揭幕

[①] 李庆忠：自序。见：李庆忠编著，《寻找油气的物探理论与方法——基础篇》。青岛：中国海洋大学出版社，2015 年，第 3 页。

图 8-4　2016 年 7 月，李庆忠（中）向中国海洋大学图书馆赠书

2016 年 5 月 12 日和 7 月 3 日，李庆忠院士文集《寻找油气的物探理论与方法》发布仪式分别在涿州和青岛举行。编辑委员会成员之一、地球物理学家钱荣钧认为：

> 文集中的文章贯彻着理论与实践的高度结合，所有理论论述都要通过模型计算加以证明，从这里看到了李庆忠院士严谨认真的研究学风；其次从他的创新理论如李子波、信噪比与分辨率的定义、纵横波速度规律研究、石油地质生油理论、圈闭认识方面及 TRAP-3D 的创新等，都看到了李庆忠院士几十年来的独创精神[①]。

东方地球物理公司副总工程师詹仕凡从读者角度畅谈了阅读这套文集的整体感受。

---

① 钱荣钧：在李庆忠院士文集发布会上的讲话。2016 年 5 月 12 日。资料存于采集工程数据库。

一是该文集编得非常好，为油气地球物理科学知识库增添了新的财富。文集汇集了李庆忠院士从事石油勘探工作的主要研究成果，有很多是在别的书中找不到的宝贵财富，是一套实用价值很高的书籍，是油气地球物理勘探工作者的重要参考书。

二是李院士的文章编写得通俗易懂，公式、图件与文字并茂，文集从理论到方法、再到应用，深入浅出，通俗易读。既有理论、方法和应用的结合，又有采集、处理和解释的结合，还有地球物理与地质的结合，系统深入剖析了油气地球物理技术应用中的关键问题和应用方法。很多问题的分析既有理论依据，又有方法试验，还有应用案例，更有经验和认识，对物探技术的发展和应用有重要的指导意义。

三是文集展示了李院士从事科研工作严谨认真和百家争鸣的科研态度。李院士的研究基于对关键问题的深入分析，提出针对性的解决方法和发展方向，个性鲜明，原创为主，而且大部分成果都在实践中得到广泛应用。他的求实创新精神为科技工作者树立了榜样，以及坚持真理、实事求是、独立自主的创新精神值得我们尊敬和学习。①

李庆忠在胜利油田的老队友刘雯林工程师在阅读了这套著作后，对李庆忠在无机生油理论和圈闭分析技术方面的新观点、新思路表示同意，并对他始终如一坚持勤奋、务实、创新的科学研究精神表示赞赏。

图 8-5　2016 年，地球物理学家刘雯林对李庆忠文集的评价

---

① 詹仕凡：在李庆忠院士文集发布会上的讲话。2016 年 5 月 12 日。资料存于采集工程数据库。

莫道桑榆晚，为霞尚满天。在新中国石油物探事业发展建设的道路上跋涉了六十余载的李庆忠依然笔耕不辍，用他的才学和智慧探求着一道道物探难题的答案，为后人留下了一笔笔宝贵的精神财富。为了更好地谋划中国石油物探事业发展的前景和方向，为了给后继者在追梦的道路上提供前进的动力，他已经在精心筹备李庆忠文集的第四本——"奋进篇"了。

结语
从勘探尖兵到物探泰斗

  春去秋来冬又至，不知不觉间，历时两年的李庆忠院士学术成长资料采集工程即将告一段落。两年间，采集小组循着李庆忠院士成长、求学和工作过的地方仔细寻找、小心求证，试图还原他的成长、成才轨迹，探索总结他在科学研究和学术创新道路上的各类经验，以达到教化今人、启迪来者的目的。

  李庆忠是新中国自己培养的第一批石油地球物理勘探者，自大学毕业起一直在这个领域里刻苦钻研、辛勤跋涉，他的职业生涯既是新中国石油物探事业发展的一个缩影，也是一代人无怨无悔献身石油工业的真实写照。我们也希望通过对李庆忠院士石油物探生涯的回顾与记录，来展示以他为代表的广大石油勘探者的成长与奉献之路。采集过程对于我们这些非物探专业的人来讲也是一次学习的过程，老一辈科学家心系祖国的崇高境界，克服艰难险阻建功立业的豪情壮志，潜心科研、创新突破的优秀品质，无不温暖着我们的心，激励着我们把这一工作做好，做得更加扎实、细致，唯有如此，才不辜负以李庆忠院士为代表的老一辈科学家的厚望，无愧于他们为之奋斗的伟大事业。

  在数次的交谈中，在多方的求证中，在历史资料的翻阅中……我们小心翼翼地叩开一扇扇尘封的记忆之门，沿着时间的隧道回到过去，在聆听一则则动人的石油物探故事的同时，也试图探寻李庆忠院士成功的奥秘，他是如何从一位饱经颠沛流离之苦的昆山少年成长为一位出色的勘探尖兵，后又成为中国石油物探领域德高望重的学界泰斗的呢？至今没有十分明确的答案。在此，我们暂且结合两年来的采集工作，就其在成长求学和学术研究中的一些重要时间节点、历史事件、优秀品质和工作习惯进行归纳梳理，给心系科研、关注中国石油物探发展的人以及试图揭示李庆忠院士成功奥秘的人们以启发和思考。

时势造英雄

俗语说"时势造英雄"，在特定的历史背景下，总有一些人能在其所处的时代里抓住机会，脱颖而出，最终成为勇立潮头者。

1930年李庆忠出生时，恰逢一个风雨飘摇的时代。当时军阀混战，民不聊生，5岁那年，一家人迁往上海谋生。其后，日军发动侵华战争，举家又迁往法租界，年幼的他不仅感受着家境的贫寒，也目睹了侵略者的野蛮与残暴。其间，他开启了颠沛流离的求学之路，在数次转学中，他对法国人开办的教会学校、日本人开设的乡村学校印象极为深刻，中国学生在这些学校里遭受的屈辱与压迫成为他心灵深处永不磨灭的痛。也正是在这动乱的年代里，他渐渐形成了独立、自强、上进、爱国的思想意识，并成为其在未来的人生道路上始终坚守的信念。

在采集过程中，我们曾问过李庆忠院士，"既然你出生在一个中医世家，为何没有学医呢？"他的回答十分简单，说自己兴趣不在此，而且祖父和父亲也没有强迫自己学，于是他就循着自己的志趣和爱好慢慢发展了。有时，我们甚至在想，如果他处在一个和平的时代，他的家庭条件再殷实一些，他的父亲没有去上海谋生，而是一家人住在昆山的大院落里，或许在药香的熏陶下，在老一辈的指导下，李庆忠会喜欢上中医，甚至有可能成为一名悬壶济世、妙手回春的名医。

历史不容假设，也不容重新选择，裹挟在时代洪流中的人们只能顺势向前。中学毕业后，李庆忠又赶上了一个好时代。他不仅考取了当时中国最好的大学，还有幸参与了开国大典的游行，目睹了新中国诞生的伟大时刻。这些细节和经历都在潜移默化地影响着一个青年学生的成长轨迹。

新生的中国百废待兴、百业待举。在国家建设的热潮中，他赶上了石油大开发的机遇，学物理的他提前一年毕业，被分配至燃料工业部石油管理总局工作，从此与石油结缘。

李庆忠在这之后的人生轨迹便是沿着中国石油勘探开发的路线一路前行。从新疆到大庆、再到东营、又至涿州，克拉玛依油田、大庆油田、胜利油田的成功勘探与开发以及中国石油物探技术的创新与进步都闪现着李庆忠的身影，凝聚着他的汗水与心血。读万卷书，行万里路。从这一层面来讲，李庆忠的成长与成功得益于赶上了新中国石油大开发的时代，同时他也没有辜负这一时代，抓住机遇，乘势而上，谱写出了一篇篇自主创新的华美乐章。

持之以恒的自学态度

在李庆忠成长、求学的道路上，有两点对他帮助很大，一是自学，二是他对数学和物理的浓厚兴趣。

李庆忠上小学、中学，甚至大学时的成绩都不是很出众，用他的话说，也就是"中不溜"水平。但是他却养成了主动学习、自觉学习的习惯。

他曾多次提到在格致中学读书时因为体育不及格而留级一个学期，以致在1949年年初毕业。当时距离高考还有半年时间。他充分利用这段时间，与其他几个关系不错的同学组成了自学小组，重点加强对数学、物理、化学和英语的学习，最终考取了清华大学。在参加工作后，他依然保持着这种自我学习的习惯和态度。大学期间，他学的是物理专业，毕业时被分配至新疆从事石油地球物理勘探工作。为弥补地质学方面知识的不足，他利用业余时间自学了构造地质学、大地构造学、沉积岩石学、地史学等。在大庆石油会战期间，他开始从事地震方法的研究，又加强了对数学知识的学习，自学了复变函数、数学物理方程等课程，一度被队友称为"在火车上啃数学的人"。他优秀的自学能力还表现在对语言的学习与掌握上，法语、英语、俄语都是他在一点一滴的积累中学会的。

在八十岁生日时，他这样写道："我认为我还是一个很平凡的人，自问我天资并不聪明，也不能干，只是踏实，只是执着而已。"在科研工作中，正是因为他始终秉持这份"活到老学到老"的踏实和执着，才会不断实现知识的更新换代、与时俱进，在科技创新的道路上不断前行。

浓郁的爱国情怀

李庆忠对祖国始终怀着诚挚的热爱和深厚的感情，这一方面与他自小的成长经历有关，另一方面也与他所从事的石油勘探行业在国民经济和社会发展中的关键地位有关。

因为在童年和少年时代亲历过战乱的残酷，目睹过日本侵略者、法国侵略者在中国大地上耀武扬威，他对国家和人民受欺凌的印象极为深刻，源于此，他渴望有一个强盛的国家，有一个让他和家人安居乐业的环境，不再过流离失所、颠沛流离的日子。所以，在他的亲身感受中，在父母和老师的教导中，他逐渐形成了学好知识、报效国家的爱国意识。

考上大学后，新中国初建的正面鼓舞和激励更加坚定了他学好科学文化知识、建设新中国的信心。所以，在抗美援朝战争爆发时，他积极申请当兵；又在当兵不成的情况下，和同学们走上街头，深入群众中间排演活报剧《鸭绿江上》，积极动员广大人民支持抗美援朝。在大学毕业分配工作时，他毫不犹豫地写下了"到祖国最需要的地方去，到最艰苦的工作岗位上去，坚决服从组织分配"的志愿。在石油勘探岗位上，为了使中国早日甩掉贫油国的帽子，他和队友们不怕苦、不怕累，排除万难，发现了一个又一个大油田。

在工作中，李庆忠始终从国家需求出发，为国家利益考虑。改革开放初期，在与外国石油公司联合开发南海石油资源的过程中，为了维护国家利益，李庆忠顶住各方压力，据理力争，经过四天的持续谈判，最终使外国石油公司答应购买中方地震资料的条件，避免了国家的经济损失。当国内物探界面对国外推崇的多波地震勘探等所谓的先进技术一窝蜂式地加大投入，甚至不惜花重金购置国外的仪器设备时，李庆忠发出了质疑的声音。长期以来，正是在这种与国同运、设身处地为国家和行业发展着想的爱国思想的指引下，李庆忠在"我为祖国找石油"的道路上辛勤耕耘、无私奉献。

实践出真知

石油地球物理勘探是一项与生产实践紧密联系的学科，应用性较强，李庆忠主要从事地震勘探方法和资料解释方面的研究，必须和生产一线相契合，针对工作中出现的难点不断进行探索。

在学术研究工作中，面对一些新理论、新知识和新想法，李庆忠始终奉行先"验证"的工作原则。一方面，自己动手在计算机上编写各种程序进行验证，多年来，他已经编写了 200 多个程序模块，并集合成了一个完整的"地震勘探理论试算 SEISPLOT 程序包"；另一方面，主动深入生产一线，在野外地震勘探和资料采集中检验某些技术和方法的正确性、可靠性以及创新性。无论是波动地震学的发现，还是三维地震勘探的提出以及两步法偏移的实施，都是他结合生产实践、历经无数次验证得来的。

谈到如何创新时，李庆忠对那些寻找黄皮书或绿皮书的做法不以为然，他认为创新寓于对"旧方法"的质疑之中。如果只是单纯地相信书本上的知识，是无法创新的，每一个人都要具备独立思考的精神和能力，而这种独立思考的质疑精神又是从实践中来的，所以他建议广大青年学子多接触生产实践，积极培养自己的动手能力，"没有实践就无从创新，实践出真知"[①]。他还有一句根据自己多年切身体会总结出来的治学格言：读了不等于懂了，懂了不等于记住了，记住了不等于掌握了，掌握了不如自己做一遍。

疑是思之始

疑是思之始，学之端。在中国石油地球物理勘探事业创新发展的征程中，李庆忠取得的诸多成就皆源起于质疑精神。

20 世纪八九十年代，面对风靡全国的岩性探测技术、艾菲微重力直接

---

① 李庆忠：介绍物探技术最新发展动态。见：李庆忠编著，《寻找油气的物探理论与方法第二分册方法篇》。青岛：中国海洋大学出版社，2015 年，第 467 页。

找油技术以及五花八门、鱼龙混杂的各种找油"高科技"，李庆忠没有人云亦云，而是进行了客观、冷静的分析验证，用数据和事实来揭穿这些骗人的把戏，使中国的石油物探行业重新回到科学发展的轨道上来。20 世纪 90 年代初，面对石油物探界过分夸大分形、分维技术作用的风气，他自学了分形、分维技术，并自编程序进行验证，先后撰写了 3 篇文章与有关学者进行学术争鸣，建议大家用求实的精神对待分形、分维技术，不要对这一尚未成熟的技术期望过高。

即使面对他不太擅长的石油地质学科，凭着自学和实践经验的积累，也勇于提出自己的观点和看法。最具代表性的当属他对"无机生油理论"的倡导和圈闭概念的升华。在写这一类文章之前，他甚至自嘲说自己一个搞物探的是在"班门弄斧"，同别人"唱反调"，甚至会得罪自己的一些朋友和同事。但即使是这样，他还是希望在争鸣和探讨中推动石油地质理论的发展进步。

在学术界，"质疑"的另一层意思就是要说真话、做实事。在科学探索的道路上，李庆忠倡导求实效、辨真伪、不迷信、不盲从，有自己独立的思考和判断。他十分欣赏清末政治家林则徐题写的一副对联：海纳百川，有容乃大；壁立千仞，无欲则刚。可是现在的学术研究中，人们往往只记住了前半句，一味地包容，不敢提出不同的声音、发表不一样的见解，久而久之"无欲则刚"就被大家忘记了。他说：说真话不易，但追求真理是科技工作者应该具备的最基本品质。

勤 勉 笃 行

熟悉李庆忠的人都知道，他每天除了工作还是工作，即使周末或假期也不例外，几乎再没什么其他的爱好。时至今天，这种勤勉笃行的工作风格已伴随着他走过了近 70 年。

在新疆、大庆、东营开展石油勘探的艰苦年代，他就保持着拼命工作的劲头，甚至出现因为营养供不上、晕倒在办公室的场景。即使在病床上他也不得闲，2009 年在北京进行心脏手术时，他依然在病房的电脑前忙碌；出院后在青岛疗养期间，他不顾医生和家人的劝阻，依然每天忙着编写三维圈闭分析技术的程序。

他对石油物探工作爱得太深,已经达到如痴如醉的境界。在新疆工作期间,他白天出去做测量、搞勘探,晚上下班回到家继续在灯下分析资料,阅读各种书籍。以致怀孕的妻子被他沙沙的翻书声吵得无法入睡,独自一人在雪地里散步,他竟浑然不知。在大庆期间,他在工作之余抓紧一切时间学习,在出差的火车上,别人都在打牌,他却独自在学习数学。

苍龙日暮还行雨,老树春深更著花。晚年的他依然保持着这份对工作的热爱和追求,不论什么时间和地点,他随时都能进入工作状态。逢年过节聚会时,别人都在拉家常,他却躲在一边和学生探讨物探难题;与学生探讨问题时,他甚至为了节约上厕所的时间而一上午不喝水。

李庆忠常说自己算不上天资聪颖,多年来,是物理和数学方面的天分与兴趣帮助他在石油物探研究的道路上不断推陈出新、屡有斩获。但是,他是勤奋的,一个对自己的工作抱有浓厚兴趣而又勤勉有加的人,无论在什么行业,都是不会居于人后的,他的成功也是理所当然的事情。

终身受益的工作习惯

良好的习惯使人终身受益,这句话在李庆忠的学术研究生涯中得到了很好的验证。多年来,在物探工作实践和科学研究的征途中,他渐渐养成了"记笔记""过电影""循环记忆法"等一系列工作习惯,助他攀登一个又一个科学高峰。

每个人都有过记日记、记笔记的经历,可是如果作为一个习惯长久地保持下来,甚至是一生的坚守,就变得难能可贵了。在清华大学读书时,李庆忠认真记录下各位任课老师的讲课内容,留作课下和日后慢慢消化吸收 。特别是叶企孙的光学笔记,他记得工工整整,甚至根据知识点重要性的等级,用不同颜色的笔做了区分。正是凭着这本笔记,在胜利油田的勘探开发中,他提出了著名的"波动地震学"理论,使中国的石油地球物理勘探迈入一个新时代。在工作中,李庆忠依然没有放下记笔记的习惯,在新疆、大庆、东营、涿州……时至今日,老同事回忆起他时,依然记得他无论走到哪儿都爱带着一个笔记本,不停地打听,不停地询问。书架上,一摞摞的笔记本见证了他敬业工作的时光，也蕴积着石油物探方法和理论创新突破的能量。

在获取信息、累计知识的过程中，李庆忠有一个剪报的习惯。凡是他觉得不错的、有用的文章，就用剪刀剪下来，分门别类地整理好，过些时日再把这些内容串联在一起进行思考和研究。他说："有了知识的积累，才能触类旁通、举一反三，才有某些综合判断的能力。"[①] 在日常的阅读和研究中，李庆忠习惯拿一支笔边读、边写、边画，不仅遇到好的内容要标注出来，而且他自己的感想、产生的疑问、不明白的地方也会在旁边记录清楚。他说，这样一方面有利于他加深记忆、促进理解，另一方面日后用到这些文献的时候，不需要从头重新阅读，只需查看这些批注和记录就可以了。

夜深人静的时候，工作了一天的人们大多都在休息，李庆忠却喜欢一个人独坐桌前，静静地"发呆"。其实，这也是他多年来养成的习惯——在入睡前集中精力把一天的事情在脑海中再仔细回顾一遍，看看有什么疏漏之处需要完善、有什么经验值得今后借鉴，他把这一做法叫"过电影"。多年来，依靠这种"过电影"的方法，李庆忠获得了许多科研的新思路。他说，只有冷静地反复思考，才能思考得深入。

在知识点的背诵和记忆方面，李庆忠擅长一种"循环记忆法"，特别对语言学习很有效。1952年刚走出大学校门时，他就是凭借这种方法，历经一个月的俄语速成培训，掌握了一门终身受益的外语。

坚守原则与底线

作为社会中的一分子，每个人都有自己为人处世、安身立命的原则与底线。在中国石油物探界，熟悉李庆忠的人都知道他有自己的坚守，在与他打交道时尽量不去违背他的原则与底线。

李庆忠奉行"求实"原则，不喜欢一味唱赞歌，所以在他参加的研讨会、学术会上，凡是他认为不合理的地方，都会毫不保留地发表自己的看

---

① 李庆忠：与石油大学（北京）地质科学系师生唠唠成才问题。见：李庆忠编著，《寻找油气的物探理论与方法第三分册争鸣篇》。青岛：中国海洋大学出版社，2015年，第445页。

法。以致有人请他参会或者做评委时都要事先掂量一下。与此同时，在石油物探领域举行的各类评审会、评奖会的现场也很少看见他的身影，他给自己定了一个原则"凡是取酬的评委一律不干"。

李庆忠是一个公私分明的人，他时常告诫家人和学生不要占公家的便宜。为了方便他出行，东方地球物理公司给他配备了一辆车，他不仅严格计算好每天上下班的路线，还在上下车的时候记录下车的里程数，一公里都不允许多跑。他也不会利用自己院士的身份到处去要项目、抢资源、报奖项，也坚决不允许他的学生和团队成员打着他的旗号去做这些事情。时间久了，同事、朋友以及家人都了解他的铁面无私和不近人情。他的同事周华伟说，李庆忠是他见过的院士里面最不肯为了私事而帮忙的一个，他身上有老一辈科学家的高风亮节和特质，从不会为了私事而去做违心的事。

在学术研究中，李庆忠又是一个十分严谨的人，爱较真，甚至到了"固执"的地步。在把他的著作《走向精确勘探的道路》翻译成英文的过程中，围绕一个单词、一个图片，他会和周华伟争论上半天。在历时两年多的翻译工作中，周华伟对李庆忠的严谨认真印象尤为深刻。

乐观从容的生活态度

在李庆忠的人生履历中，曾有过无数艰难困苦的岁月、战乱的纷扰、饥饿的折磨、严寒的侵袭、蚊虫的叮咬、思想上的打击……面对这些挫折和苦难，李庆忠依然坚强乐观地面对，从不言败。正是这一乐观豁达的性格，助力他在石油物探研究的道路上栉风沐雨、砥砺前行。

正是因为经历了艰苦岁月的洗礼，李庆忠对物质的要求并不高，而是崇尚简朴节约的生活，一个包可以用几十年，一件衣服会穿很多年，剩菜剩饭也舍不得丢……除工作和看书以外，再就是饭后的散步了，生活中的他再无其他爱好。或许这种简单、质朴，甚至在他人看来有些过于单调、枯燥的生活，才更有利于他的思考和创新。

在生活和工作中给他带来巨大帮助的，还有与他甘苦与共、相依相伴至今走过60余年的妻子梁枫女士。当年在祖国的大西北，担任磁力队队长的梁枫与李庆忠喜结连理，伴随着新中国石油勘探开发的脚步，他们辗转迁徙、一路相伴，在生活中是相亲相爱的伴侣，在工作中是志同道合的队友。如今，已年至九旬的李庆忠和梁枫依然保持着率真、豁达的性格。常言道，一个成功男人的背后总有一个默默支持他的女人，李庆忠的成功也离不开梁枫的支持和帮助。

  关于李庆忠院士的学术成长特点还有很多、很多，在此，我们只是粗略地梳理了其中的 9 个方面，围绕他的学术成长这一主题，还有无尽的知识宝藏等待后人去挖掘、去探索。他的一生是坎坷的，留下了无数曲折而又坚实的脚印；他的一生是催人奋进的，书写了战天斗地的豪情壮志；他的一生是一个时代的缩影，承载了老一辈石油人的浓浓赤子情、拳拳报国心；他的一生是值得后人认真学习的，就像一本厚重的书，超越时代、历久弥新而又回味悠长。

附录一　李庆忠年表

1930 年
10 月 10 日（农历八月十九日），出生于江苏省昆山县（今昆山市）玉山镇，祖籍江苏省嘉定县（今上海市嘉定区）。

1933 年
举家迁往上海。

1935 年
7 月，进入江苏省立上海实验小学（今上海市徐汇区上海小学）读书。

1937 年
8 月，日军进攻上海，举家迁往法租界。转入私立崇真小学。

1938 年
转入私立正中附小。

1940 年

转入私立尚才小学。

1942 年

7 月，小学毕业。

9 月，进入震旦大学附属中学（今向明中学）读初中。

1945 年

2 月，转入昆山县立中学（今昆山市第一中学）读初三。

7 月，进入昆山乡村建设学校就读。

9 月底，回到上海。

10 月中旬，进入震旦大学附属中学高中部就读。

1947 年

2 月，转入上海市立格致中学（今格致中学）读高二。

1949 年

1 月，高中毕业。

2—8 月，因高中毕业是春季班，大学尚未招生。其间与蒋寿九、程祖球、吴健英等几位同学组建学习小组，自学物理、数学等课程，晚上在夜校补习英文。

9 月，同时被清华大学、浙江大学、上海交通大学等六所大学录取，最终选择清华大学电机系就读。

1950 年

9 月，出于个人兴趣，由电机系转入物理系就读，同班学生 58 人。任课教师有叶企孙、何泽慧、王竹溪、钱三强、彭桓武、周培源等。

10 月 25 日，中国人民志愿军应朝鲜请求赴朝，为响应国家号召，清华园出现了报名参军、参干的热潮。报名参加志愿军，未获批准。

10—11 月，与同学到农村、工厂宣传抗美援朝，排演活报剧《鸭绿江上》。

1951 年

2 月 14 日，加入中苏友好协会。

5 月 4 日，加入中国共青团，介绍人为清华大学电机系学生高文业。

8 月，在西郊山区参加农村共青团的巩固及民主建设工作，帮助上团课。

加入清华大学"歌咏队"。

担任校刊《人民清华》编辑。

1952 年

1—3 月，在"五反"运动检查组从事资料整理工作。

8 月 17 日，加入中国共产党，介绍人为清华大学物理系学生唐孝威、齐卉荃。

8 月，因国家实施第一个五年计划，急需人才，提前一年大学毕业。

9 月，分配至燃料工业部石油管理总局任实习员。

10 月，参加地质部与石油管理总局举办的地球物理勘探训练班。授课教师为顾功叙、傅承义、孟尔盛、张传淦等。

12 月，与梁绍全、黄洪泽、曾德钊一起在北京大学俄文速成班学习。

1953 年

1—3 月，在石油管理总局开办的俄文速成班负责俄文推广工作。

3 月，调任新疆中苏石油公司地质调查处，任重力队副队长，从事重磁力测量工作。

12 月，任地调处团支部书记。

与磁力队队员梁枫相识。

1954 年

11 月，任地调处团总支副书记。

12 月 20 日，获评中苏石油公司地调处劳动模范。

1955 年

1 月，中苏石油公司交由中方经营，改称新疆石油公司。任重磁力航空基点队代理队长。

1956 年

4 月，与梁枫结婚。

7 月，新疆石油公司更名为新疆石油管理局。任重磁力综合研究队队长。

1957 年

3 月 16 日，长子李斌出生。

1958 年

8 月，新疆库车发洪水。乘小型飞机到施工工地慰问。

新疆石油管理局设立科学研究所，下设地质研究室和地球物理综合研究室（含电法、地震、重磁力、岩石物性），任地球物理综合研究室代主任。

1956—1958 年，编写《准噶尔盆地重磁力勘探综合研究报告》，系统整理了准噶尔盆地的重磁力数据并进行了综合解释。同何平、林祖彬、梁枫等人合作撰写《适合于石油普查的磁力定量解释方法》《地壳下物质越流和大区域重力场的地质沉积》《关于重力磁力合理勘探密度的意见》《关于重磁力仪器格值测定经验介绍》四篇论文。

1959 年

到克拉玛依参加火烧油层驱油试验。

参加放射性勘探，研制成功车装放射性勘探仪器。

1960 年

1959—1960 年，编写《克－乌断裂带断层分布及发育特点》。

1961 年

5 月，与夫人梁枫一起调任东北，参加松辽石油会战。任松辽石油勘探指挥部地调处综合研究队副队长，从事重磁力资料研究工作。

10 月下旬，新疆、青海、四川、玉门、银川石油局各派出一个地震大队下辖三个地震队到达松辽，连同松辽地调处成立松辽地震会战前线指挥部，下辖地质调查处、五个地调大队、综合研究大队，机关设在吉林省大安县。任综合研究大队构造组组长。

12 月底，获评松辽石油会战"一级红旗手"。

1962 年

5 月 16 日，根据石油工业部决定，撤销地震会战前线指挥部，重组松辽勘探指挥部地质调查处。综合研究大队改建为综合研究队，任副队长。

7 月，在地调处技术座谈会上宣读《松辽盆地构造特征及构造发育史》报告，总结了 1960—1962 年的物探成果以及与钻井资料结合的研究成果。

11 月，开始着手地震方法研究，任方法组组长。

12 月底，获评松辽石油会战"二级红旗手"。

1963 年

6—7 月，同方法组成员一起完成了激发、接收条件分析、反滤波器、低速带解释方法以及松辽盆地地震勘探的三年总结报告。

10 月 27 日，勘探指挥部做出松辽会战地调队伍进入华北的安排，队伍分三批行动，11 月底全部进关。

11 月，调任设在河北徐水的石油部六四六厂（今东方石油地球物理公司）地调处，任综合研究队副队长。

12 月 17 日，次子李汀出生。

12 月底，获评松辽石油会战"二级红旗手"。

编写了《松辽盆地地震勘探方法检验总结》。撰写了国内第一篇反褶积论文《用简化反褶积算子恢复反射系数序列》，成为我国运用反褶积技术的开端。

 1964 年

1月25日，中共中央同意组织华北石油会战。

3月，调任东营，参加华北石油会战，在胜利油田地质指挥所历任副指挥、地球物理室副主任、地球物理攻关队副队长、油田副总工程师等职务。

领导成立牛庄地球物理攻关队，使我国第一台模拟磁带地震仪、第一台超声波测井仪、感应测井仪、伽马射线测井仪和侧向测井仪五项组合测井技术在会战中投入生产使用。

做出华北地区第一块地震曲射线图板。

 1965 年

从事复杂断块盆地的地震勘探方法研究，与俞寿朋、刘雯林等人共同计算出大量地震波的衍射波动性质和特征。

提出"去噪、定向、辨伪、归位"八字方针。

与俞寿朋、刘成正等设计出一套线距为260米的密集型"小三角"测网进行野外采集，并对接收的地震波进行人工偏移归位（俗称"剖面搬家"）。

 1966 年

4月，完成《波动地震学》手稿，阐明了地震反射波与地下反射段并不一一对应的原理。

5月，被批判为"三脱离典型""反动学术权威""抹断层专家"，手稿被没收，下放聊城地震队参加劳动。

首次提出三维地震勘探的方法和原理，并在新立村地区组织实施，这是我国也是世界上最早的一种束状三维地震勘探方法。

1967 年

在东辛油田获得我国第一张三维归位地震构造图。

1970 年

3 月 22 日,女儿李薇出生。

1971 年

10 月,参加胜利油田河口会战。

1972 年

8 月,在刘雯林、王良全、柴振一的帮助下,撰写完成 21 万字的长篇论文《地震波的基本性质——复杂断块区的反射波、异常波与干扰波》。系统阐述了反射波、异常波、干扰波的物理特征,使地震勘探技术从"几何地震学"迈入"波动地震学"时代。

从成像理论出发,与国外同时提出了积分法绕射波扫描叠加偏移技术。

1974 年

3 月,《石油地球物理勘探》刊发《地震波的基本性质——复杂断块区的反射波、异常波与干扰波》一文。

7 月,《石油地球物理勘探》刊发《绕射扫描叠加》论文。

首创用"两步法"实现三维偏移的方法,当时其效率比国际上"一步法"高数百倍。使三维地震数据在中小型电子计算机上也能实现偏移归位成像,比国外早了 5 年。

1975 年

6 月,《石油地球物理勘探》刊发《三维绕射扫描迭加》一文。

采用积分法绕射波扫描叠加偏移技术在北京大学国产 150 计算机上投产,成功处理了商河西地区的资料,获得我国第一批叠加偏移剖面,其构造成像准确、断层清晰，使该区两年内探明石油储量 5400 万吨。

1978 年

5 月 4 日—6 月 15 日，赴美国参加海洋技术大会之后代表中国石油物探专业委员会赴休斯敦等地 4 个石油公司和 2 个地球物理公司考察一个月，再去法国地球物理总公司及舍赛尔仪器公司考察。

10 月 26 日—11 月 23 日，赴美国旧金山参加勘探地球物理学家协会第 48 届年会，代表中国物探界在会上宣读题为 A Case History of Seismic Survey in the Dong-Xin Oil Field（东辛油田的地震勘探历程）的报告，得到国外同行及专家的好评。

1979 年

4 月，与俞寿朋、刘雯林、刘成正等共同撰写的《东辛油田地震勘探历程——一个复杂断块构造的三维地震解释实例》一文在《地球物理学报》刊发。

5 月，调中国石油天然气集团公司石油物探局（河北涿州）。

7 月，赴广州、湛江培训，为出国做准备。

9 月 18 日—1980 年 9 月 17 日，参加珠江口海上地球物理勘探项目，作为中方技术代表前往美国休斯敦埃克森石油公司工作一年，进行地球物理资料的数字处理及解释。

10 月，赴新奥尔良参加勘探地球物理学家协会第 49 届年会。

1980 年

9 月，从美国回国。

1981 年

5 月，参加在昆明召开的山地地震勘探方法讨论会。

9 月 7—11 日，参加在北京召开的中、美地球物理学家联合学术会议。

12 月 12 日，任石油物探局副总工程师。

1982 年

3月27日，参加物探局"工业学大庆"先进集体、先进个人表彰大会，被评为"劳动模范"。

3月，在石油物探局晋升为高级工程师。

5月，与钱绍新等编写的《石油地球物理勘探技术报告集》出版。

12月15日，因在"次生干扰"攻关中取得优异成绩，获物探局科学技术奖二等奖。

1983 年

6月11—27日，赴挪威参加欧洲勘探地球物理学家协会第45届年会及展览会。

6月及8月，《论地震次生干扰——兼论困难地区地震记录的改进方向》一文在《石油地球物理勘探》发表。

10月17日，赴芜湖参加石油部第四次物探情报会议。

1984 年

2月，《组合效应对反射波的压制和改造》一文在《石油地球物理勘探》刊发。

12月，被玉门石油管理局聘为地球物理勘探技术顾问。

1985 年

1月，被大庆石油管理局聘为勘探开发研究院学术顾问。

6月，被物探局机关授予"优秀共产党员"称号。

8月，同田在艺、顾树松等人在青海柴达木盆地油砂山查看地质露头。参加长庆油田咨询会并发言。

"渤海湾盆地复式油气聚集（区）带勘探理论及实践"获国家科技进步奖特等奖。被石油部评为"先进科技工作者"。

1986 年

3月，获评物探局 1985 年度劳动模范。

5月15日，被《石油地球物理勘探》编辑委员会聘为编辑委员会委员。

5月，《来自地下复杂地质体的反射图形到底是怎样的？》一文在《石油地球物理勘探》刊发。

7月1日，被《当代石油物探》系列丛书编辑委员会聘为编委。

9月15日，获评石油工业部 1985 年度先进科技工作者。

赴甘肃玉门油田，在石油沟进行野外考察。

1987 年

3月16日，获评物探局 1986 年度"优秀共产党员"称号。

3月，获评物探局 1986 年度劳动模范。

8月，参加物探局地震方法讨论会并做技术汇报。

10月，《地震信号内插与噪音剔除（一）》一文在《地球物理学报》刊发。

10月及12月，《陆相沉积地震地层学若干问题》在《石油地球物理勘探》刊发。该研究成果有力证明了陆相沉积的复杂性以及地震地层解释中的各种"陷阱"，被认为是对现代地震地层学的一个重要补充，使地震勘探的解释朝着更为准确的方向前进。

1988 年

3月16日，获评物探局 1987 年度劳动模范。

3月，被物探局授予 1987 年度"优秀共产党员"称号。

5月25日，因在担任中国地球物理学会第三届理事会理事期间贡献突出，获颁荣誉证书。

6月，《地震信号内插与噪音剔除（二）》一文在《地球物理学报》刊发。

7月25日—1989年1月26日，在美国休斯敦西方地球物理公司研究与发展部任客座研究员。

9月5日，被中国石油大学（华东）聘为兼职教授。

1989 年

1月，从美国回国。

2月20日，被《国外油气勘探》编辑委员会聘为学术顾问。

4月，参加江汉油田技术咨询会。

8月20日，被物探局第四地质调查处聘为技术顾问。

8月22—26日，在北京参加由中国勘探地球物理联合会与勘探地球物理学家协会联合举办的勘探地球物理北京（89）国际研讨会。

9月，被中国石油天然气总公司批准为勘查地球物理专业教授级高级工程师。

10月17—21日，参加在济南召开的五项地震技术研讨会。

1990 年

5月14日，被地质矿产部北京计算中心聘为"029"项目成果报告会课题评委。

5月，在北京参加清华大学物理系1952届毕业生聚会。

6月4—28日，赴苏联莫斯科、基辅、萨拉托夫、费尔干纳、新西伯利亚等六个地球物理研究部门参观访问。

6月，被中国地球物理学会聘为《地球物理学报》编委。

9月，参加乌鲁木齐市物探局地调三处科技大会。

1991 年

5月13—25日，赴美国休斯敦市参加华人石油学会年会。

10月，被中美喜马拉雅青藏高原深地震试验合作研究项目办公室聘为"中美合作喜马拉雅和青藏高原深地震反射剖面试验与综合调查研究"第一阶段研究顾问。

10月，被授予"国家有突出贡献专家"称号，并享受政府特殊津贴。

12月10日，被中国石油大学（华东）聘为兼职教授，聘期两年。

研究了"地震子波零相位化方法"并提出波阻抗反演中存在的五大难题和解决办法。

1992 年

7月25日，被物探局第四地质调查处聘为技术顾问。

完成"用剔除拟合法求取纵波正入射剖面"的处理新技术。

1993 年

4月20日，被石油物探报社聘为《石油物探报》特约撰稿人。

6月，出版专著《走向精确勘探的道路——高分辨地震勘探系统工程剖析》，全面评述了高分辨率地震勘探的理论及发展方向，被誉为"打开高分辨率勘探之门的一把钥匙"。此书获物探局1993年科技进步奖一等奖。

10月6日，在《石油消息》发表《不要夸大分形分维技术的作用》一文。

在北京参加由中国石油天然气总公司、中国石油学会、勘探地球物理学家协会联合主办的 CPS/SEG 国际地球物理勘探会议暨展览。

1994 年

6月，在《石油物探》发表《近代河流沉积与地震地层学解释》论文。

6月，在《石油物探信息》发表《对地震勘探的信噪比、分辨率及保真度的再认识》一文。

7月13日，被成都理工学院聘为1992级博士生周竹生的副导师。

7月18日，被中国石油天然气总公司聘为科学技术进步奖地球物理专业评审组委员，聘期三年。

10月27日，被中国石油天然气总公司人事教育局聘为石油高等教育咨询专家。

10月，赴美国洛杉矶市参加勘探地球物理学家协会第64届年会。

赴内蒙古进行野外高分辨率地震采集试验。

1995 年

4月3日，被煤炭工业部办公厅聘为煤炭工业部引进地震数据遥测采集、处理和解释系统部级验收委员会委员。

4月18日，被中原石油勘探局聘为物探咨询专家。

4月，《用剔除拟合法求纵波正入射剖面———一种取代水平叠加的处理技术》一文在《石油地球物理勘探》刊发。

5月，当选为中国工程院能源与矿业工程学部院士。

7月，被中原石油勘探局地球物理勘探公司聘为中原石油勘探局高分辨率地震勘探研究项目技术顾问。

8月26日，被中国石油学会石油物探学会聘为中国石油学会物探专业委员会专家顾问。

9月，中国石油天然气总公司为表彰在"七五"和"八五"期间对石油天然气工业科学技术进步做出杰出贡献的先进科技工作者，授予其"杰出科技工作者"称号。

10月，参加《石油地球物理勘探》杂志创刊30年纪念大会。

11月，被胜利石油管理局地球物理勘探开发公司聘为高级技术顾问。

12月28日，被中国海洋石油南海西部公司聘为高级顾问。

1996 年

2月9日，被《石油勘探家》杂志社聘为编委会委员。

2月，《怎样正确对待分形、分维技术？》一文在《石油地球物理勘探》刊发。

3月，赴新加坡参加为勘探华北地区深层找油的地震资料处理验收工作会议。

4月，在《石油地球物理勘探》发表《对Petro-Sonde岩性探测技术的质疑》一文，从六个方面揭露了伪科学的本质，最终使这种骗人的伎俩在中国销声匿迹。

7月5日，受邀担任第三十届国际地质大会顾问委员会委员。

10月21日，为地质矿产部石油地质海洋地质局"油气藏预测、开发地震技术培训班"讲授"分辨率地震勘探技术"课程。

10月22日，在北京参加大庆地震勘探会战35周年纪念活动。

10月，在中国石油大学（北京）做题为"与石油高校师生谈谈成才问题"的报告。

1997年

1月17日，在人民大会堂参加中国石油天然气总公司工作会议，受到江泽民主席、李鹏总理的亲切接见。

3月1日，在《石油物探信息》发表《以求实精神对待分形分维技术——答欧庆贤等三同志的商榷》一文。

3月25日，被塔里木石油勘探开发指挥部聘为高级顾问，聘期一年。

4月，在《石油地球物理勘探》刊发《评艾菲微重力直接找油兼论GONG直接找油》一文，对美国公司打着高科技的幌子在中国招摇撞骗的把戏进行了揭露和批判。

9月，《中国石油天然气总公司院士文集——中国工程院院士李庆忠集》出版。

12月，在《石油地球物理勘探》发表《地震高分辨率勘探中的误区与对策》一文，系统分析了从高分辨率的野外采集仪器到施工质量以及处理程序等关键环节上存在的一系列错误传统概念，并指出了前进的方向。

1998年

3月，在《石油物探》发表《高频随机噪声的三分量测定》一文。

3月，在《勘探家》发表《按科学程序搞好油气勘探》一文。

4月，受聘为《新疆石油地质》杂志特邀编委。

6月，在《石油地球物理勘探》发表《河道解释中的陷阱》一文。

6月22—25日，在北京参加由中国石油学会、勘探地球物理学家协会和欧洲地球物理学家及工程师协会联合主办的CPS/SEG/EAGE北京98国际地球物理研讨会暨展览。

8月，在《石油地球物理勘探》发表《论地震约束反演的策略》一文。

8月，受聘为《地球物理学报》编委会成员。

10月8—10日，参加物探技术向油田开发领域延伸研讨会。

11月15日，受聘为成都理工学院1998级地球探测与信息技术专业博士研究生汪恩华的校外导师。

11月，被江汉石油学院聘为《江汉石油学院学报》特约编委。

1999年

1月15日，受聘为江汉石油学院兼职教授，聘期两年。

3月18日，荣获《石油物探报》1998年度特别鼓励奖。

9月1日，在乌鲁木齐参加岩性圈闭识别和油田开发地震技术研讨会。

9月6日，受聘为青海油田高级技术顾问。

10月5—6日，在物探局研究院库尔勒分院参加关于库车山地勘探技术交流会。

参加物探局情报室在庐山召开的情报会。

2000年

5月29日，受聘为石家庄国家高新技术产业开发区高级顾问、院士（专家）咨询顾问委员会委员。

7月25日，被中国石油天然气股份有限公司吉林油田分公司聘为高级顾问。

8月，在新疆伊宁参加全国石油物探西部地区第九次技术研讨会。

10月11日，被物探局聘为高级技术专家。

12月18日，被河北省科技厅聘为河北省科技顾问团顾问，聘期两年。

参加塔里木油田勘探技术座谈会并做技术汇报。

2001年

2月，在《石油地球物理勘探》发表《对宽方位角三维采集不要盲从——到底什么叫"全三维采集"》一文。对三维地震勘探中盲目追赶"世界潮流"进行了批判和纠正。

8月,《地球物理勘探技术推动了我国石油工业的迅速发展》一文在《中国工程科学》刊发。

9月,赴美国圣安东尼奥市参加勘探地球物理学家协会第71届年会。

9月,受聘于青岛海洋大学海洋地球科学学院名誉院长、教授。

11月9日,参与发明的GPS授时地震仪器的发明专利之一——GPS卫星授时遥测地震仪申请发明专利。

2002年

9月2日,参与发明的GPS授时地震仪器的发明专利之二——GPS授时智能同步爆炸控制系统申请专利。

9月9日,参加在北京召开的理论与应用地球物理研讨会暨庆贺国际著名地球物理学家郭宗汾教授八十寿辰的庆贺活动。

10月14日,应青岛海洋地质研究所之邀,做题为"地球物理勘探技术的发展动向"学术报告。

10月,受聘为《新疆石油地质》杂志特邀编委。

12月6日,中国石油天然气集团公司石油地球物理勘探局改名为中国石油集团东方地球物理勘探有限责任公司。

被中海石油研究中心聘为《中国海上油气(地质)》第三届编委会委员,聘期四年。

考察罗布泊原子弹爆炸地。

参加在涿州举行的物探局技术成果交流会。

2003年

2月,在《新疆石油地质》刊发《打破思想禁锢,重新审视生油理论——关于生油理论的争鸣》论文,呼吁打破"有机生油论"的思想束缚,接受"无机生油论",勇于开拓新区、新层系的勘探工作。

6月26日,参加中国海洋大学2003届毕业生毕业典礼暨学位授予仪式。

9月3日,参加中国海洋大学崂山校区规划设计评议会。

10月15—17日，参加未来海底新能源天然气水合物国际研讨会。

11月20日，为中国海洋大学海洋地球科学学院师生做题为"岩性油气藏勘探技术"学术报告。

12月，在《石油地球物理勘探》刊发合作论文《浅层强反射界面的能量屏蔽作用》。

参加东方地球物理公司物探地质技术成果交流会并做技术汇报。

2004年

2月，在《石油地球物理勘探》刊发与王建花的合作论文《井间地震勘探的误区及出路》。

3月8日，参与发明的GPS授时地震仪器的发明专利之三——非实时传输地震采集系统的数据采集方法申请专利。

4月，在北京国际会议中心参加由中国石油学会和勘探物理学家协会联合主办的CPS/SEG北京2004国际地球物理会议暨展览。

5月27日，参加中国海洋大学2004年度研究生创新教育研讨会。

9月30日，山东省省长韩寓群一行到中国海洋大学调研，参加座谈会。

10月24日，参加中国海洋大学建校80周年庆祝大会。

12月15日，被中国地质调查局聘为我国海域天然气水合物资源调查与评价专项专家委员会委员。

2005年

2月，《打破思想禁锢，重新审视生油理论——关于生油理论的争鸣》一文荣获2003年度《新疆石油地质》优秀论文一等奖。

4月6日，参加全国石油行业老物探工作者联谊会。

5月26日，为中国海洋大学师生做题为"给同学们谈谈我从事地球科学研究的体会"的报告。

6月21日，参加在中国海洋大学海洋地球科学学院举行的"难忘海大 勿忘吾师"座谈会。

7月15日，参加中国青岛第六届海洋科技与经济发展国际论坛开幕式。

12月,《生油理论值得重新审视——答黄第藩、梁狄刚〈关于油气勘探中石油生成的理论基础问题〉一文》在《石油勘探与开发》刊发。

2006 年

2月,与杜祥琬共同撰写的《物理学与中国能源可持续发展——献给2005世界物理年》一文在《中国工程科学》刊发。

12月,与张进共同编著的《岩性油气田勘探——河道砂储集层的研究方法》一书出版。该书阐述了陆相河道砂沉积的规律,创造性地提出了"视同相轴"的概念,并讨论了相应勘探方法的改进方向,成为大专院校地质专业师生和石油系统研究单位的重要参考书。

参加东方地球物理公司科技大会。

参加东方地球物理公司战略研讨会。

2007 年

1月,与王建花共同编著的《多波地震勘探的难点与展望》一书出版,该书列举了四个国外比较成功的多波地震勘探实例和国内海上及陆上多波地震勘探实例,对其中存在的问题进行了分析。

5月12日,参加海底科学与探测技术教育部重点实验室2007年度学术委员会会议。

7月19日,在胜利油田物探公司指导工作,并做题为"高密度采集中组合效应对高频截止频率的影响"讲座。

8月2日,为中国海洋大学师生做题为"石油物探在国民经济中的作用"讲座。

10月9日,参加中国海洋大学本科教学工作水平评估汇报会。

11月23日,在中国海洋大学海洋地球科学学院为研究生做题为"学习与成才"的讲座。

11月25日,参加中国海洋大学2007年国家重点学科建设规划论证会。

接受河北省涿州市市委市政府的慰问,并与有关领导座谈。

2008 年

4 月，在《石油地球物理勘探》发表《地震勘探分辨率与信噪比谱的关系——答云美厚"地震分辨力新认识"一文》论文。

4 月，参加北京石油勘探开发研究院第九次院士论坛，并做题为"新区油气勘探的理论与技术探讨"讲座。

11 月 4 日，参加山东大学－中国海洋大学合作日活动开幕式。

11 月 12 日，参加第四届国家安全地球物理学术研讨会。

12 月，参加在三亚召开的物探技术座谈会并做主旨发言。

2009 年

1 月 6 日，接受新华网河北频道采访，介绍了自己走上石油地球物理勘探道路的历程。

1 月，被中国石油勘探开发研究院特聘为《石油勘探与开发》第七届编辑委员会委员。

4 月 24 日，在北京参加由中国石油学会和勘探物理学家协会联合主办的 CPS/SEG 北京 2009 国际地球物理会议暨展览。

11 月 4 日，参加青岛海洋科学与技术国家实验室建设工作研讨会。

2010 年

6 月 5 日，参加中国海洋大学海洋地球科学学院博士生毕业论文答辩会。

10 月 9 日，参加由中国海洋大学举办的庆祝李庆忠院士从事科教事业五十八周年系列学术活动，并为中国海洋大学海洋地球科学学院题词。

10 月 28 日，为中国海洋大学学生做题为"走在教书育人的前沿——给同学谈谈我从事地球科学研究的体会"讲座。

11 月 10 日，参加中国海洋大学海洋生命学院建院八十周年庆祝大会并题词。

2011 年

2月26—27日，在上海参加石油物探技术发展高层论坛，并做题为"石油物探领域的创新意识与求实精神"的发言。

5月31日，被中海油研究总院聘为海洋石油勘探国家工程实验室第一届技术委员会委员。

7月22日，参加胜利油田物探公司在青岛举办的胜利物探高精度地震勘探技术研讨会，并同与会专家就高精度地震勘探技术的发展进行研讨。

12月26日，在中国海洋大学海洋地球科学学院做题为"物探领域的创新意识与求实精神"讲座。

2012 年

2月13日，为东方地球物理公司科技人员作专题讲座。

8月29日，参加中国海洋大学党政联席（扩大）会议。

9月5日，在胜利油田参加"科学与中国"——院士巡讲团。

9月27日，为中国海洋大学海洋地球科学学院师生做讲座。

2013 年

10月15日，在胜利油田做题为"圈闭分析技术——寻找油气新手段"的讲座。

2014 年

9月25日，参加中国海洋大学与海南地质局签署战略合作协议及联合培养科研工作站博士后研究人员协议签约仪式。

10月25日，参加中国海洋大学建校90周年庆祝大会。

11月1日，参加第十届国家安全地球物理专题研讨会。

11月2日，参加第一届青岛高校地球物理研讨会。

11月5日，参与发明的基于TRAP-3D软件寻找油气藏的方法申请专利。

11月20日，为中国海洋大学学生做题为"努力学习　争取成才——

谈我从事地球科学研究的体会"讲座。

2015 年

10 月 27 日，在中国石油大学（华东）作题为"求实与创新"的专题报告。

2016 年

5 月 12 日，文集《寻找油气的物探理论与方法》发布仪式在中国石油东方物理公司举行。

7 月 2 日，在青岛参加第二届地下储层和流体的地球物理成像国际研讨会。

7 月 3 日，文集《寻找油气的物探理论与方法》出版及学术交流会在中国海洋大学举行。

2017 年

9 月，*High-Resolution Seismic Exploration* 一书在美国出版。

2018 年

9 月 27 日，为中国海洋大学海洋地球科学学院师生作题为"努力学习 争取成才——谈我从事地球科学研究的体会"的讲座。

2019 年

6 月 26 日，参加中国海洋大学勘查技术与工程专业教育认证会。

9 月 16 日，参加中国海洋大学海洋科教创新园区（西海岸校区）开工奠基仪式。

10 月 17 日，为中国海洋大学海洋地球科学学院师生作题为"努力学习 争取成才——谈谈我的体会"的讲座。

10 月 25 日，参加青岛市人民政府和中国海洋大学联合主办的青岛"海洋·发展"大会。

附录二　李庆忠主要论著目录

一、论文

[1] 李庆忠. 地震波的基本性质——复杂断块油田的反射波、异常波及干扰波[J]. 石油地球物理勘探，1974，9（1＆2）：1-142.

[2] 李庆忠. 绕射扫描叠加[J]. 石油地球物理勘探，1974，9（5）：1-40.

[3] 李庆忠. 三维绕射扫描迭加[J]. 石油地球物理勘探，1975，10（4）：1-23.

[4] 李庆忠，俞寿朋，刘雯林，等. 东辛油田地震勘探历程——一个复杂断块构造的三维地震解释实例[J]. 地球物理学报，1979，22（2）：140-155.

[5] 李庆忠. 论地震次生干扰——兼论困难地区地震记录的改进方向[J]. 石油地球物理勘探，1983，18（3＆4）：208-225，295-341.

[6] 李庆忠，陈祖钧. 组合效应对反射波的压制和改造[J]. 石油地球物理勘探，1984，19（1）：1-20.

[7] 李庆忠. 来自地下复杂地质体的反射图形到底是怎样的？[J]. 石油地球物理勘探，1986，21（3）：222-240.

[8] 李庆忠. 关于低信噪比地震资料的基本概念和质量改进方向[J]. 石

油地球物理勘探，1986，21（4）：343-364.

［9］李庆忠. 从信噪比谱分析看滤波及反褶积的效果——频率域信噪比与分辨率的研究［J］. 石油地球物理勘探，1986，21（6）：575-601.

［10］李庆忠. 含油气砂层的频率特征及振幅特征［J］. 石油地球物理勘探，1987，22（1）：1-23.

［11］李庆忠. 陆相沉积地震地层学的若干问题［J］. 石油地球物理勘探，1987，22（5＆6）：489-511，619-635.

［12］李庆忠. 地震信号内插及噪音剔除（一）［J］. 地球物理学报，1987，30（5）：514-531.

［13］李庆忠. 地震信号内插及噪音剔除（二）［J］. 地球物理学报，1988，31（3）：329-341.

［14］李庆忠. 符合小层对比原则的砂层内插技术［J］. 石油物探，1989，28（1）：12-21，59.

［15］田树人，李庆忠. 一维空间域噪音剔除法及应用［J］. 石油地球物理勘探，1991，26（2）：239-253.

［16］李庆忠. 岩石的纵、横波速度规律［J］. 石油地球物理勘探，1992，27（1）：1-12.

［17］李庆忠. 我国石油地球物理勘探今后的发展方向［J］. 石油地球物理勘探，1993，28（2）：241—248.

［18］李庆忠. 近代河流沉积与地震地层学解释［J］. 石油物探，1994，33（2）：26-41.

［19］李庆忠. 用剔除拟合法求纵波正入射剖面——一种取代水平叠加的处理技术［J］. 石油地球物理勘探，1995，30（2）：147-167.

［20］李庆忠. 怎样正确对待分形、分维技术？［J］. 石油地球物理勘探，1996，31（1）：136-160.

［21］李庆忠. 对Petro-Sonde岩性探测技术的质疑［J］. 石油地球物理勘探，1996，31（2）：283-306.

［22］李庆忠. 评艾菲微重力直接找油兼论GONG直接找油［J］. 石油地球物理勘探，1997，32（2）：277-302.

[23] 李庆忠. 地震高分辨率勘探中的误区与对策[J]. 石油地球物理勘探, 1997, 32（6）: 751-783.

[24] 李庆忠. 高频随机噪声的三分量测定[J]. 石油物探, 1998, 37（1）: 1-13.

[25] 李庆忠. 按科学程序搞好油气勘探[J]. 勘探家——石油与天然气, 1998, 3（1）: 1-4.

[26] 李庆忠. 河道解释中的陷阱[J]. 石油地球物理勘探, 1998, 33（3）: 336-341.

[27] 李庆忠. 论地震约束反演的策略[J]. 石油地球物理勘探, 1998, 33（4）: 423-438.

[28] 李庆忠. 对宽方位角三维采集不要盲从——到底什么叫"全三维采集"[J]. 石油地球物理勘, 2001, 36（1）: 122-124.

[29] 李庆忠. 地球物理勘探技术推动了我国石油工业的迅速发展[J]. 中国工程科学, 2001, 3（8）: 25-28.

[30] 温书亮, 李庆忠. 剔除拟合技术在海上地震资料处理中的应用[C]//何汉漪. 海上地震资料高分辨率处理技术论文集. 北京: 地质出版社, 2001: 39-46.

[31] 汪恩华, 贺振华, 李庆忠. 基于薄层的反射系数谱理论与模型正演[J]. 成都理工学院学报, 2001, 28（1）: 70-74.

[32] 汪恩华, 贺振华, 李庆忠. 薄储层厚度计算新方法探索[J]. 物探化探计算技术, 2001, 2（1）: 22-25.

[33] 汪恩华, 贺振华, 李庆忠. 炸药激发子波信号的记录与研究[J]. 石油地球物理勘探, 2001, 36（3）: 352-363.

[34] 陈广军, 陈喜禄, 杨永生, 等. 地震技术的一个崭新领域——浅论叠前深度偏移资料的解释[J]. 油气地质与采收率, 2001, 8（4）: 38-41.

[35] 汪恩华, 贺振华, 李庆忠. 沿层谱比的物理意义及实用价值[J]. 石油物探, 2002, 41（1）: 76-83.

[36] 李庆忠. 打破思想禁锢，重新审视生油理论——关于生油理论的争

鸣［J］. 新疆石油地质，2003，24（1）：75-83.

［37］李庆忠，石砥石，宋广达，等. 沾化坳陷低电阻率油层成因分析及综合判识［J］. 海洋石油，2003，23（4）：22-26.

［38］王建花，李庆忠，邱睿. 浅层强反射界面的能量屏蔽作用［J］. 石油地球物理勘探，2003，38（6）：589-596.

［39］李庆忠，王建花. 井间地震勘探的误区及出路［J］. 石油地球物理勘探，2004，39（1）：1-11.

［40］李庆忠. 生油理论值得重新审视——答黄第藩、梁狄刚《关于油气勘探中石油生成的理论基础问题》一文［J］. 石油勘探与开发，2005，32（6）：13-16.

［41］杜祥琬，李庆忠. 物理学与中国能源可持续发展——献给2005世界物理年［J］. 中国工程科学，2006，8（2）：1-6.

［42］李庆忠，魏继东. 高密度地震采集中组合效应对高频截止频率的影响［J］. 石油地球物理勘探，2007，42（4）：363-369.

［43］魏继东，李庆忠. 检波器组内高差对高频信息压制的理论分析［J］. 石油地球物理勘探，2007，42（5）：597-602.

［44］张海燕，李庆忠. 几种常用解析子波的特性分析［J］. 石油地球物理勘探，2007，42（6）：651-657.

［45］李庆忠. 地震勘探分辨率与信噪比谱的关系——答云美厚"地震分辨力新认识"一文［J］. 石油地球物理勘探，2008，43（2）：244-245.

［46］李庆忠，魏继东. 论检波器横向拉开组合的重要性［J］. 石油地球物理勘探，2008，43（4）：375-382.

［47］李庆忠. 石油物探领域的创新意识与求实精神——为庆祝我国物探事业光辉的六十年有感而发［J］. 石油地球物理勘探，2011，46（6）：995-1012.

［48］李庆忠. 石油物探的历史功绩［J］. 石油地球物理勘探，2013，48（1）：191-201.

二、专著

[1] 李庆忠. 走向精确勘探的道路——高分辨率地震勘探系统工程剖析[M]. 北京：石油工业出版社，1993.

[2] 李庆忠. 中国石油天然气总公司院士文集：李庆忠集[M]. 北京：中国大百科全书出版社，1997.

[3] 李庆忠，张进. 岩性油气田勘探——河道砂储集层的研究方法[M]. 青岛：中国海洋大学出版社，2006.

[4] 李庆忠，王建花. 多波地震勘探的难点与展望[M]. 青岛：中国海洋大学出版社，2007.

[5] 李庆忠. 寻找油气的物探理论与方法[M]. 青岛：中国海洋大学出版社，2015.

[6] Qing-Zhong Li. High-Resolution Seismic Exploration[M]. USA: Society of Exploration Geophysicists, 2017.

参考文献

[1] 昆山市玉山镇志编纂委员会编. 昆山市玉山镇志[M]. 上海：上海科学技术文献出版社，1996.

[2] 马一平. 昆山历代医家录[M]. 北京：中医古籍出版社，1997.

[3] 杨瑞庆. 昆山旧影[M]. 上海：上海书店出版社，2015.

[4]《上海青年志》编纂委员会. 上海青年志[M]. 上海：上海社会科学院出版社，2002.

[5] 王家康. 怀念李瘦鹤与陆瘦燕[N]. 松江报，2010-03-31.

[6] 马长林. 上海的租界[M]. 天津：天津教育出版社，2009.

[7] 陈科美，金林祥. 上海近代教育史1843—1949[M]. 上海：上海教育出版社，2003.

[8] 上海市教育科学研究所教育史志研究室编. 上海市学校概况（中学·小学·幼儿园）[M]. 上海：上海社会科学院出版社，1990.

[9] 朱维铮. 马相伯集[M]. 上海：复旦大学出版社，1996.

[10]《上海宗教志》编纂委员会编. 上海宗教志[M]. 上海：上海社会科学院出版社，2001.

[11] 许建苗，毕思荣，腾家骝. 百年向明 与时俱进——向明中学前50年历史回顾[M]. 上海：上海远东出版社，2002.

[12] 复旦大学校史编写组. 复旦大学志第一卷[M]. 上海：复旦大学出版社，

1985.

[13] 上海市格致中学校友会编. 格致校史稿第一卷（1874—1949）[M]. 上海：上海社会科学院出版社, 2005.

[14] 王景山. 西南联大和《茶馆小调》[J]. 炎黄春秋, 2003,（10）：71-73.

[15] 竺可桢. 竺可桢日记[M]. 北京：人民出版社, 1984.

[16] 江崇廓, 刘文渊, 孙敦恒. 清华大学[M]. 长沙：湖南教育出版社, 1995.

[17] 周金品, 张春亭. 从原子弹到脑科学——唐孝威院士的传奇人生[M]. 北京：科学出版社, 2003.

[18] 李敏. 唐孝威[M]. 北京：金城出版社, 2011.

[19] 清华大学校史编写组编. 清华大学校史稿[M]. 北京：中华书局, 1981.

[20] 周文业, 史际平, 周广业. 清华名师风采（理科卷）[M]. 济南：山东画报出版社, 2012.

[21] 邢军纪. 最后的大师[M]. 北京：北京十月文艺出版社, 2010.

[22] 虞昊. 叶企孙[M]. 北京：金城出版社, 2011.

[23] 刘晓. 卷舒开合任天真：何泽慧传[M]. 北京：中国科学技术出版社, 2013.

[24] 申力生主编. 中国石油工业发展史 第一卷 古代的石油与天然气[M]. 北京：石油工业出版社, 1984.

[25] 凌光, 姜寿兰. 中国石油通史卷一（1840年以前）[M]. 北京：中国石化出版社, 2003.

[26] 刘立范, 张元强, 张叔岩. 中国石油通史卷二（1840—1949）[M]. 北京：中国石化出版社, 2003.

[27] 曾宪章, 周润东, 孙志芳. 中国石油通史卷三（1949—1978）[M]. 北京：中国石化出版社, 2003.

[28] 夏国志, 许宝文, 陈云升, 等. 二十世纪中国物探（1930—2000）[M]. 北京：地质出版社, 2004.

[29] 苟云辉主编. 中国石油物探史话（1945—2005年）[M]. 北京：石油工业出版社, 2006.

[30] 王志明. 翁家石油传奇[M]. 北京：石油工业出版社, 2014.

[31] 中国地球物理学会编. 纪念傅承义先生诞辰100周年文集[M]. 北京：地震出版社, 2009.

[32] 王继洲，张荣华主编. 简明中国石油发展史［M］. 东营：石油大学出版社，1997.

[33] 中国石油天然气集团公司编. 石油［M］. 北京：石油工业出版社，2012.

[34] 邓绍辉. 近代新疆石油工业述略［J］. 新疆大学学报（哲学社会科学版），1992（2）：52-56.

[35] 齐清顺. 中苏石油公司的创办及其有关问题［J］. 新疆社会科学，2010（6）：134-138.

[36] 王连芳. 新疆乡土志中的石油史资料［J］. 新疆地方志，1993（04）：47-50.

[37] 郭宝凤主编. 档案中的克拉玛依［M］. 乌鲁木齐：新疆人民出版社，2008.

[38] 王连芳. 新疆石油史话［M］. 北京：石油工业出版社，1992.

[39] 新疆石油管理局等编. 新疆石油40年（1955—1995）［M］. 乌鲁木齐：新疆人民出版社，1995.

[40] 新疆石油管理局地质调查处. 风雨勘探五十年（上卷）［M］. 香港：香港中华儿女出版社有限公司，2001.

[41] 中共克拉玛依市、新疆石油管理局委员会史志办公室编. 中苏石油股份公司［M］. 乌鲁木齐：新疆大学出版社，1997.

[42] 新疆石油管理局党委宣传部编. 怀念杨拯陆［M］. 乌鲁木齐：新疆人民出版社，1990.

[43] 钱伟明. 黑油山一座城市的记忆［J］. 新疆画报，2009（5）：64-69.

[44] 王侠. 黑油山——石油和传说凝结的圣山［J］. 石油政工研究，2005（2）：35.

[45] 熊坤静. 克拉玛依油田是如何被发现的［N］. 西部时报，2009-08-21.

[46] 宋鹏，桑圣江. 克一井：新中国石油工业的曙光［N］. 中国石油报，2014-04-23.

[47] 中共大庆市委党史研究室. 大庆石油会战史［M］. 北京：中共党史出版社，2008.

[48] 大庆油田有限责任公司《大脚印》编纂委员会. 大脚印——大庆油田勘探开发历程揭秘（上部）［M］. 北京：石油工业出版社，2014.

[49] 田润普主编. 大庆石油会战［M］. 北京：中国文史出版社，1990.

[50] 李懂章主编. 大庆油田之最［M］. 哈尔滨：黑龙江人民出版社，2006.

[51]《大庆简史》编纂委员会编. 大庆简史［M］. 北京：当代中国出版社，1994.

[52] 胡晓菁. 寻找地层深处的光：田在艺传［M］. 北京：中国科学技术出版社，2013.

[53] 孟尔盛主编. 中国地球物理勘探史例［M］. 北京：石油工业出版社，1994.

[54] 康世恩论中国石油工业编辑委员会编. 康世恩论中国石油工业［M］. 北京：石油工业出版社，1995.

[55]《康世恩传》编写组. 康世恩传［M］. 北京：当代中国出版社，1998.

[56] 陈学兴，周荣宝主编. 再创辉煌：大庆石油地震勘探会战 35 周年文集［M］. 北京：石油工业出版社，1997.

[57] 中国地球物理学会编. 纪念翁文波先生百年诞辰文集［M］. 北京：地震出版社，2012.

[58] 曲福生编著. 松辽盆地石油和天然气勘查史（1949—1989）［M］. 北京：地质出版社，1992.

[59]《大庆油气勘探50年》编委会编. 大庆油气勘探50年（上、下）［M］. 北京：石油工业出版社，2009.

[60] 任纪舜主编. 从天山之麓到松花江畔：纪念黄汲清先生诞辰 110 周年［M］. 北京：科学出版社，2014.

[61]《胜利油田大事记》编纂委员会. 胜利油田大事记［M］. 东营：石油大学出版社，2003.

[62] 张江义. "中国石油之父"孙健初的"石油梦"［N］. 中国档案报，2016-02-19.

[63] 石志. 在地质、数学和物理的交汇点上——记物探局副总工程师、局劳动模范李庆忠［N］. 石油物探报，1990-07-13.

[64] 赵天池. 大国石油梦［M］. 天津：天津人民出版社，2013.

[65]《百年石油》编写组编. 百年石油［M］. 北京：石油工业出版社，2009.

[66] 新华社. 我国建起又一大油田——胜利油田［N］. 人民日报，1974-09-29.

[67] 新华社. 胜利的十年——记胜利油田的勘探开发会战［N］. 人民日报，1974-10-24.

[68]《中国油气田开发若干问题的回顾与思考》编写组. 中国油气田开发若干问题的回顾与思考（上卷）［M］. 北京：石油工业出版社，2003.

[69]《中国油气田开发志》总编纂委员会. 中国油气田开发志（卷15）胜利油气区卷［M］. 北京：石油工业出版社，2011.

[70] 中国石化报社. 辉煌之页——新中国石油石化工业五十年光辉足迹[M]. 北京：中国石化出版社，2000.

[71]《中国石油集团地球物理勘探局志》编纂委员会. 石油物探局志（1961—1997）[M]. 北京：石油工业出版社，2002.

[72] 姜玉春，蔡军田. 中国石油通史卷四（1978—2000）[M]. 北京：中国石化出版社，2003.

[73] 刘东昌. "艾菲：构建勘探新坐标"——全国微重力勘探技术研讨会侧记[N]. 中国石油报，1995-08-16.

[74] 李庆忠. 寻找油气的物探理论与方法[M]. 青岛：中国海洋大学出版社，2015.

[75] 李庆忠. 不要夸大分形、分维技术的作用[N]. 石油消息报，1993-10-06.

[76] 李庆忠. 走向精确勘探的道路——高分辨率地震勘探系统工程剖析[M]. 北京：石油工业出版社，1993.

[77] 李庆忠. 中国工程院院士李庆忠集[C]//中国石油天然气总公司. 院士文集. 北京：中国大百科全书出版社，1997.

[78] 李庆忠，张进. 岩性油气田勘探——河道砂储集层的研究方法[M]. 青岛：中国海洋大学出版社，2006.

[79] 李庆忠，王建花. 多波地震勘探的难点与展望[M]. 青岛：中国海洋大学出版社，2007.

[80] 郭小哲. 世界海洋石油发展史[M]. 北京：石油工业出版社，2012.

[81]《中国海洋石油物探》编委会. 中国海洋石油物探（1960—1998年）[M]. 北京：地质出版社，2001.

[82] 魏世江，吕小霞，赵新安. 李庆忠：奋战"物探"第一线[N]. 光明日报，2004-10-07.

[83] 李庆忠. 不唯书，不唯上，独立思考[C]//卢嘉锡等主编. 院士思维（卷四）. 合肥：安徽教育出版社，2001.

[84] 香玉. 李庆忠院士：为石油甘愿付出一辈子[J]. 神州（下旬刊），2014，（12）：102-105.

[85] 汪鹏. 把青春献给石油勘探事业[N]. 昆山日报，2014-07-20.

[86] 靳贵军. 中国工程院院士——李庆忠[N]. 中国石油报，2005-07-06.

[87] 郭立杰. 著名地球物理学家李庆忠[N]. 中国石油报，2000-10-25.

［88］潘志林. 守望物探家园——记李庆忠院士［C］// 中国工程院科学道德建设委员会. 工程科技的实践者：院士的人生与情怀. 北京：中国科学技术出版社，2007.

［89］曹占鳌，崔公利. 甘将红颜伴石油——记原新疆地调处第一任女子磁力队队长梁枫［N］. 中国石油报，2010-08-14.

［90］纪玉洪. 一位老院士的人生魅力——访石油勘探专家中国工程院资深院士李庆忠［N］. 中国海洋大学报，2010-10-29.

［91］王澜. 石油神探李庆忠［J］. 国企管理（石油经理人），2017（2）：70-71.

后 记

在春夏秋冬的周而复始中，在无数个日夜的紧张忙碌中，这项始于2014年7月的工作走向了尾声。作为采集小组的一员，我承担了李庆忠院士学术传记的主要写作工作，此时此刻翻阅这本传记，别有一番情愫涌动在心头，字里行间，一年多的写作历程又浮现于眼前。

感动与敬佩

在这项工作开始之前，我对李庆忠院士是知之甚少的，更别提他的研究领域了。正是因为这一学术采集工作，让我有幸近距离接触这位阅尽沧桑、倾其全力为祖国找石油的科学家。在各类文献资料的阅读中，在与诸多访谈对象的交流中，以及在与李庆忠院士本人的沟通探讨中，我对他和他所从事的研究工作由原来的陌生渐渐变得熟悉。

在这本传记写作的过程中，如若选两个词来表达我内心的感受的话，我想应该是"感动"和"敬佩"。

认真翻阅李庆忠院士的人生履历，无论是学术研究，还是为人处世都蕴含着太多令当下之人感动、敬佩的品德和操守，值得我们去学习、去借鉴、去践行。在这个学术会议、研讨会议、国际会议铺天盖地的时代，科技工作者们每天像赶场一样围着会场转，既占用了本应在实验室工作的时间,也牺牲了许多指导研究生的机会,还耗费了本应在生产一线调研的精力。在采集中,我们发现身为院士的李庆忠很少参加各类会议,除了每年东方地球物理公司的年会,其他会场几乎见不到他的身影,而出席年会,他也是抱着了解物探工作最新进展的目的去的,从而为他后续的研究工作提供参考。因他对于那些动辄邀请院士当"花瓶"、撑门面的做法是持批判态度的,所以有这种想法的人也不敢来他这儿自讨没趣。所以说,他的独善其身是令人感动和敬佩的。

李庆忠院士直率、坦诚的性格和言行一致的作风也是令人欣赏和望尘莫及的。在科学研究中,他倡导求实精神,凡事都要有事实依据、要禁得起实践的检验和推敲。所以,在他的学术生涯中才有无数和别人"唱对台戏"的争鸣文章问世,也才有与伪科学做斗争的各种非凡人生经历。周华伟教授说,李庆忠院士身上有老一辈科学家高风亮节的特质。这份特质是什么呢?我想应该是"守原则、有底线、讲真话、办实事、言行合一"吧。李庆忠院士十分欣赏民族英雄林则徐的两句话——"海纳百川,有容乃大;壁立千仞,无欲则刚"。特别是后一句,他说:"只有自己没有私心,才能刚正不阿、坚持公正。"所以,面对送上门来的几千万的科研项目,他坚辞不受,不会违心地去做给领导脸上贴金的事情。面对一味迷信西方,购买国外设备,不惜用5亿元装备一支地震队的做法,李庆忠敢于站出来,与这种浪费国家钱财的行为做斗争。

李庆忠院士的勤奋与敬业同样令人感动和敬佩。时至今天,他已经为祖国的石油物探事业忙碌了60余年,已年至九旬的他依然每天想着科研,探索着物探学科的前沿,寻找一道道难题的答案。他这样勤勉努力地工作,不是一天两天,也不是一月两月,而是长年累月,数十年如一日。

这位饱经沧桑的老人犹如一本厚重的书,他的身上蕴含着太多值得后人学习的精神和品质,需要我们细细地品、慢慢地读、认真地学、踏实地做。

写作的心路历程

因我是从事新闻宣传工作的,从未写过如此大篇幅的文章,平时也就写个几百字的消息或者几千字的通信,对于人物传记的写作毫无经验可谈,对科技史、学术史的写作规律和模式更是白纸一张。所以,初接此重任的时候,确实有些诚惶诚恐、无从下手。

传记的前四章主要围绕李庆忠院士的家学渊源、成长环境、求学历程和早期的工作经历展开。这一时期,他的学术成就较少,更多的是一个汲取的过程,只需讲好故事、叙述真实即可。这是我的强项,只要各方素材和资料到位,我写起来也算顺利。后面的四章内容更多侧重的是他的科研成果、学术成就和治学思想,专业性太强,写起来很吃力。我只能"现学现卖",对李庆忠院士的论文、著作认真研读,如蚂蚁啃骨头般一点一点地啃,然后提炼出中心思想,再变成自己笔下的文字。

因我一方面要做好日常的新闻采写工作,另一方面受专业所限,导致写作进展缓慢,断断续续持续了一年有余。2015年、2016年的整个暑假、中秋节、国庆节以及几乎所有的周末我都用于在办公室看资料、理思路、写传记上。无奈我天资愚钝,尽管花费了很多时间、投入了很大精力,但是成效却不明显。在写作中,依然会遇到瓶颈和难关,甚至到了快坚持不下去的地步……在矛盾心情和复杂的思想斗争中,我一路跌跌撞撞地走来,并坚持到了最后。

感谢的话语

传记写作的过程中得到了多方的支持和帮助。

首先得益于中国科协启动老科学家学术成长资料采集工程,我们才有机会承担这一工作,沿着李庆忠院士的学术成长轨迹,去挖掘这座知识的宝藏,进而为后人留下老一辈科学家做学问的丰富经验。在这一过程中,作为管理方的山东省科协也给予了悉心的指导和帮助,特别是郑启磊老师热心的协助收集其他小组采集的经验和教训,让我们有所借鉴和参考,少走了许多弯路。

李庆忠院士和梁枫老师不仅为写作提供各种支撑材料,回忆参加国家石油勘探开发的点滴细节,还帮着审读稿件,提出修改建议,使传记在体例上更加科学规范、在叙事上更加严谨准确。在传记的导言中,我曾提到接受访谈的诸多人物都给予了无私的帮助和支持，正是他们的努力回忆和认真讲述，才使得后期的写作有据可依、有话可言，让传记变得有血有肉、丰满翔实。

采集工作是一个系统工程，仅凭一两个人是完不成的，好在我们有一个优秀的团队。作为负责人，张永胜老师一方面结合每个人的特长进行了合理分工，使团队运作科学有序、事半功倍；另一方面在采集工作的具体开展中，他也会提出新的思路和点子，使我们的工作平添亮色、与众不同；第三是感谢他对我的信任，把传记写作任务交给我来完成，让我拥有了磨炼的机会。袁艺老师负责对采集到的档案、图纸、照片、手稿等资料进行细致的归类整理，后期在资料移交馆藏基地时，她更是不辞辛劳、加班加点地做好交接工作；施玥老师负责联系各方采访，沿着李庆忠院士成长、工作的足迹，她克服各种困难，采回来许多宝贵的资料；呼双双老师、左伟老师在采集中也前往涿州等地采访，收集整理李庆忠院士的档案资料，在后期认真审读有关稿件；刘邦华、赵海磊、吴涛3位老师负责音视频资料的采集与拍摄，特别是在新疆、大庆这些遥远和艰苦的地方留下了他们辛苦工作的印记；李华昌老师负责各类文字材料的审读和检查，在浩如烟海的文字中查找纰漏、指正谬误，他的耐心与细心得到了大家的一致赞扬；刘玉松老师负责专题片的剪辑，他借助影视语言把采集到的各类资料进行剪辑加工，用流动的画面再现了李庆忠院士栉风沐雨、为国找油的人生；李连菊老师兢兢业业为采集工作做好后勤保障工作，特别是每次出差回来的财务报账工作得到了她的悉心指导和无私帮助；刘莅老师作为采集工作的网络技术支持者，无论是中期检查、还是结题验收的PPT皆凝聚着他的智慧和汗水，在日常的资料整理中遇到像表格调整、图片处理、美工设计这样的小问题，他也会热心地给予指导和帮助；在资料整理中，王道英、胡艳、丁红丽、刘柯好、陈亮5位研究生也十分认真敬业，把原本杂乱无章的各种资料进行了科学分类，做到井井有条、便于查阅……正是在上述人员的配合与支持下，这项采集工作才能顺利完成，我也才得以拿到系统、科学的参考资料，一点一滴地充实到传记的写作中去。在此，向上述人员的辛勤付出与不懈努力表示敬意和感谢。

此外，同一办公室的李华昌老师、左伟老师和刘莅老师帮我分担了许多本应由我来完成的新闻采编工作，让我抽出时间专心致力于传记的写作，在此向他们表示深深的感谢。我在写作中还得到了家人的理解、宽容和支持，也向他们表示谢意。最后，再次一并向所有对此学术传记写作给予帮助的人和单位表示诚挚的感谢。

每一段结束都意味着一个新的开始。对于李庆忠院士学术成长之路的探索才刚刚起步，这本传记只是做了一个小结，关于他学术思想的挖掘、成功奥秘的探究以及今后科研发现和技术创新的梳理与记录，还需有心之人做更进一步的努力。

冯文波

2016年11月15日于中国海洋大学

老科学家学术成长资料采集工程丛书
已出版（110种）

《卷舒开合任天真：何泽慧传》　《此生情怀寄树草：张宏达传》
《从红壤到黄土：朱显谟传》　《梦里麦田是金黄：庄巧生传》
《山水人生：陈梦熊传》　《大音希声：应崇福传》
《做一辈子研究生：林为干传》　《寻找地层深处的光：田在艺传》
《剑指苍穹：陈士橹传》　《举重若重：徐光宪传》

《情系山河：张光斗传》　《魂牵心系原子梦：钱三强传》
《金霉素·牛棚·生物固氮：沈善炯传》　《往事皆烟：朱尊权传》
《胸怀大气：陶诗言传》　《智者乐水：林秉南传》
《本然化成：谢毓元传》　《远望情怀：许学彦传》
《一个共产党员的数学人生：谷超豪传》　《没有盲区的天空：王越传》

《含章可贞：秦含章传》　《行有则　知无涯：罗沛霖传》
《精业济群：彭司勋传》　《为了孩子的明天：张金哲传》
《肝胆相照：吴孟超传》　《梦想成真：张树政传》
《新青胜蓝惟所盼：陆婉珍传》　《情系梁菽：卢良恕传》
《核动力道路上的垦荒牛：彭士禄传》　《笺草释木六十年：王文采传》

《探赜索隐　止于至善：蔡启瑞传》　《妙手生花：张涤生传》
《碧空丹心：李敏华传》　《硅芯筑梦：王守武传》
《仁术宏愿：盛志勇传》　《云卷云舒：黄士松传》
《踏遍青山矿业新：裴荣富传》　《让核技术接地气：陈子元传》
《求索军事医学之路：程天民传》　《论文写在大地上：徐锦堂传》

《一心向学：陈清如传》　《钤记：张兴钤传》
《许身为国最难忘：陈能宽》　《寻找沃土：赵其国传》

《钢锁苍龙　霸贯九州：方秦汉传》
《一丝一世界：郁铭芳传》
《宏才大略：严东生传》
《我的气象生涯：陈学溶百岁自述》
《赤子丹心 中华之光：王大珩传》
《根深方叶茂：唐有祺传》
《大爱化作田间行：余松烈传》
《格致桃李伴公卿：沈克琦传》
《躬行出真知：王守觉传》
《草原之子：李博传》

《宏才大略 科学人生：严东生传》
《航空报国 杏坛追梦：范绪箕传》
《聚变情怀终不改：李正武传》
《真善合美：蒋锡夔传》
《治水殆与禹同功：文伏波传》
《用生命谱写蓝色梦想：张炳炎传》
《远古生命的守望者：李星学传》

《善度事理的世纪师者：袁文伯传》
《"齿"生无悔：王翰章传》
《慢病毒疫苗的开拓者：沈荣显传》
《殚思求火种　深情寄木铎：黄祖洽传》
《合成之美：戴立信传》
《誓言无声铸重器：黄旭华传》
《水运人生：刘济舟传》
《在断了A弦的琴上奏出多复变
　　　最强音：陆启铿传》
《弄潮儿向涛头立：张乾二传》

《虚怀若谷：黄维垣传》
《乐在图书山水间：常印佛传》
《碧水丹心：刘建康传》
《我的教育人生：申泮文百岁自述》
《阡陌舞者：曾德超传》
《妙手握奇珠：张丽珠传》
《追求卓越：郭慕孙传》
《走向奥维耶多：谢学锦传》
《绚丽多彩的光谱人生：黄本立传》

《探究河口 巡研海岸：陈吉余传》
《胰岛素探秘者：张友尚传》
《一个人与一个系科：于同隐传》
《究脑穷源探细胞：陈宜张传》
《星剑光芒射斗牛：赵伊君传》
《蓝天事业的垦荒人：屠基达传》

《化作春泥：吴浩青传》
《低温王国拓荒人：洪朝生传》
《苍穹大业赤子心：梁思礼传》
《仁者医心：陈灏珠传》
《神乎其经：池志强传》
《种质资源总是情：董玉琛传》
《当油气遇见光明：翟光明传》
《微纳世界中国芯：李志坚传》
《至纯至强之光：高伯龙传》
《材料人生：涂铭旌传》

《一爆惊世建荣功:王方定传》
《轮轨丹心:沈志云传》
《继承与创新:五二三任务与青蒿素研发》

《淡泊致远　求真务实:郑维敏传》
《情系化学　返璞归真:徐晓白传》
《经纬乾坤:叶叔华传》
《山石磊落自成岩:王德滋传》
《但求深精新:陆熙炎传》
《聚焦星空:潘君骅传》

《寻梦衣被天下:梅自强传》
《海潮逐浪镜水周回:童秉纲口述人生》

《采数学之美为吾美:周毓麟传》
《神经药理学王国的"夸父":金国章传》
《情系生物膜:杨福愉传》
《敬事而信:熊远著传》